U0679076

上海交通大學歷史系　浙江大學歷史系　浙江省社會科學界聯合會
國家社會科學基金規劃項目
上海市社會科學基金重大項目　資助

浙江文化研究工程成果文庫
浙江文獻集成
中國地方珍稀文獻
浙江地方文書叢刊

石倉契約

第二輯
第二册

曹樹基 潘星輝 闕龍興 編

浙江大学出版社
ZHEJIANG UNIVERSITY PRESS

編輯凡例

一　本書採用圖文對照的方式進行編輯，既可保存原件的風貌，也便於讀者查閱或校核。

二　抄録格式一依原契。部分因排版問題，稍有改動。表格劃線處末一一對應。

三　標點契文，依能斷即斷的原則，僅標逗號或頓號，最末標句號。

四　漫漶、殘缺者一般依契約格式中的常用語補足，無法辨識或難以補足者，以□表示。

五　補足脱字，以（　）表示；改正錯字，以［　］表示；衍字以『　』標識。個別契約存在大量脱、錯、衍字，僅擇要補足、改正和標識。

六　序言與目録全用繁體。内文繁、簡體字，一律照録，異體字及俗字改為規範字，另附《常見異體字及俗字與規範字對照表》，以為參考。個別通假字，如『直』與『值』、『伯』與『佰』、『具』與『俱』、『員』與『圓』等，不予改動。

七　少量不易理解的方言，在首次出現時加脚註説明。少量石倉當地的異體字，徑改為標準字。

八　人名中的異名按《闕氏宗譜》的記載予以統一，當異名大量並集中出現時，以脚註説明。族譜中查不到的人名，一依原契。

九　契尾所載稅額皆為賣價總額的百分之三，省略不録。契尾文字在首次出現時抄録全文，民國驗契執照亦然。

十　契約之擬名一般根據契約首行，酌情改動。

常見異體字及俗字與規範字對照表

（規範字按漢語拼音順序排列）

異體字及俗字	規範字	異體字及俗字	規範字
岺	岭	坳 幼	坳
畱	留	霸	霸
隴	壠	常	嘗
蘿	籮	塍	塍
糭	饅	処 虜 虜	处 處
面	面	窻 意	窗
畆	畝	躭	耽
廿	廿	凼	挡 当
埲	弄	倘	挡
拚	拼 拚	隥 當	擋
憑	憑	逓	遞
廹	迫	卩 阝	都
舖	鋪	叚	段
契	契	塅	塅
伐	钱	皃	兒
牆	墻	返 饭	反
丧	喪	豊	豐
筭	算	逢	逢
坛	坛	岷 崀	崀
藤 籐 籐 騰 滕	藤	髙	高
仸	天	恪	各
捅 甬	桶	畊	耕
扢	挖	闵 関	關
斈	學	观	觀
窯 窰 壜 摇	窑	横	横
乙	一	囬	回
艮	银	塃	荒
薗	園	雞	鷄
褋	雜	伋	及
葬	葬	埆	角
噪 穖 燥 臊	燥	腳	脚
剳	劄	栢	柏
炤	照	拠 據	據
拆	折	堪 勘	勘
阦	执	硄	坑
阯	止	欵	款
帋	紙	歴 歷	歷
罛	衆	朴 良	粮
凖	準	両	两
捴 総	總	烺 眼 朗 䀶	晾
		簝 蓼	寮

目録

第二輯·第二册·上茶排·闕氏·天開等（契約，道光—咸豐）

送户票

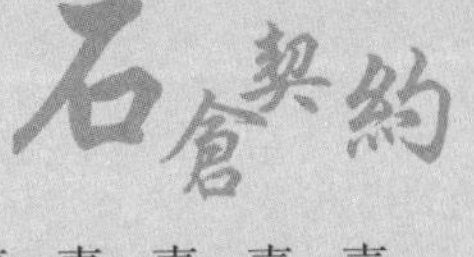

憑票

執照

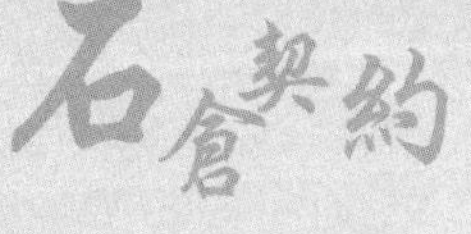
石倉契約

上茶排

闕氏·天開等·契約（契約，道光）

德暎光裕堂内景

立租菜園劄人施雍林，今因無菜園耕
種，自情愿问到闕天㒺叔边，租出菜園
一塊，坐落廿一都茶排庄，土名冷水伯公坪，
當日三面言定，每年充纳菜園租銅
錢捌拾文正，其錢每年不敢欠少，如違，任凴
闕边起耕管業，租人不得異言，恐口难
信，立租菜園劄為用。

道光元年三月廿六日　立租劄人　施雍林

見劄　闕漢明

代筆　胡其松

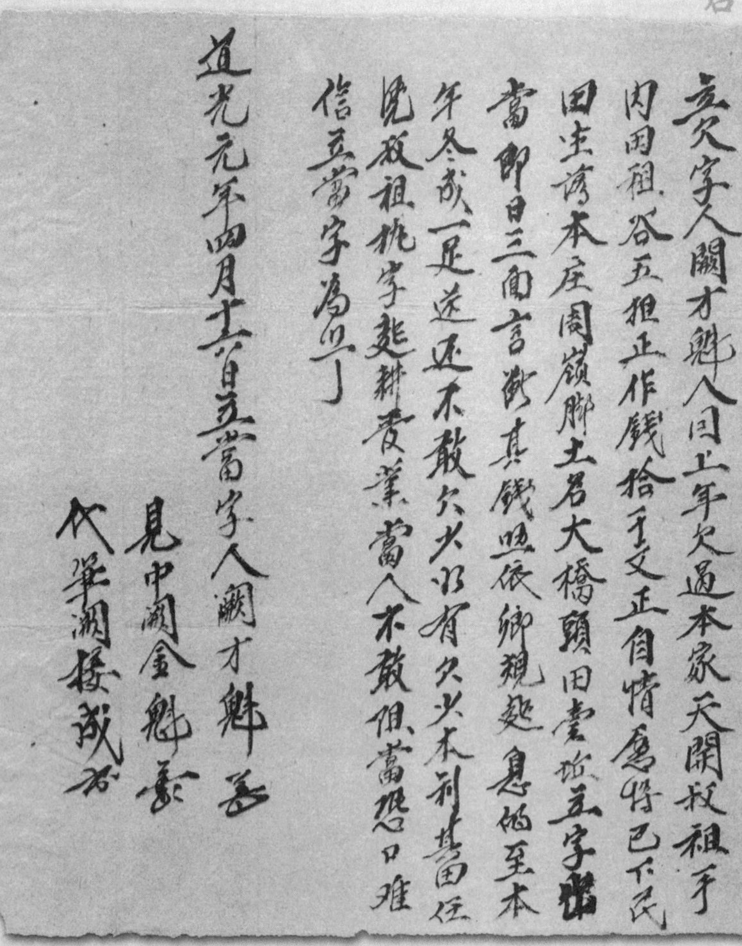

立欠字人闕才魁，今因上年欠過本家天開叔祖手内田租谷五担正，作錢拾千文正，自情愿将己下民田，坐落本庄周嶺脚，土名大橋頭，田壹坵，立字出當，即日三面言断，其錢照依乡規起息，的至本年冬成一足送还，不敢欠少，如有欠少本利，其田任湧叔祖执字起耕管業，當人不敢阻擋，恐口难信，立當字為照。

道光元年四月十六日　立當字人　闕才魁

見中　闕金魁

代筆　闕接成

立換字闕永寿，原坐有田壹角，坐落二十一都夫人庙庄，土名山邊，原因本家天闬叔公葬墳便用，今将此田與叔公邊扦穴安葬外影餘剩者，歸还侄边管業，換得闕邊民田壹圵，坐落本處田外塌田壹圵，前来管業，其田自换之後，各管各業，此出两甘情愿，並無反悔，恐口难信，立換田字為照。

一註侄边两字，再照。

道光元年六月廿五日　立换田字　闕永寿

見换　天有

鳳奎

代筆　永魁

立借字人闕門邱氏，今因契断價足，無可向找，言因夫故，棺木無办，請托親友前来相勸業主闕天開叔公手内，借出契外銅錢壹千陆百文正，其錢即日交訖，並無短少分文，其錢自借之後，永不得異言，兹借□找等情，所借所受，两相情愿，恐口难凴，立借字為照。

道光元年九月廿二日　立借字人　闕門邱氏

見借　王志賢

代筆　刘德忠

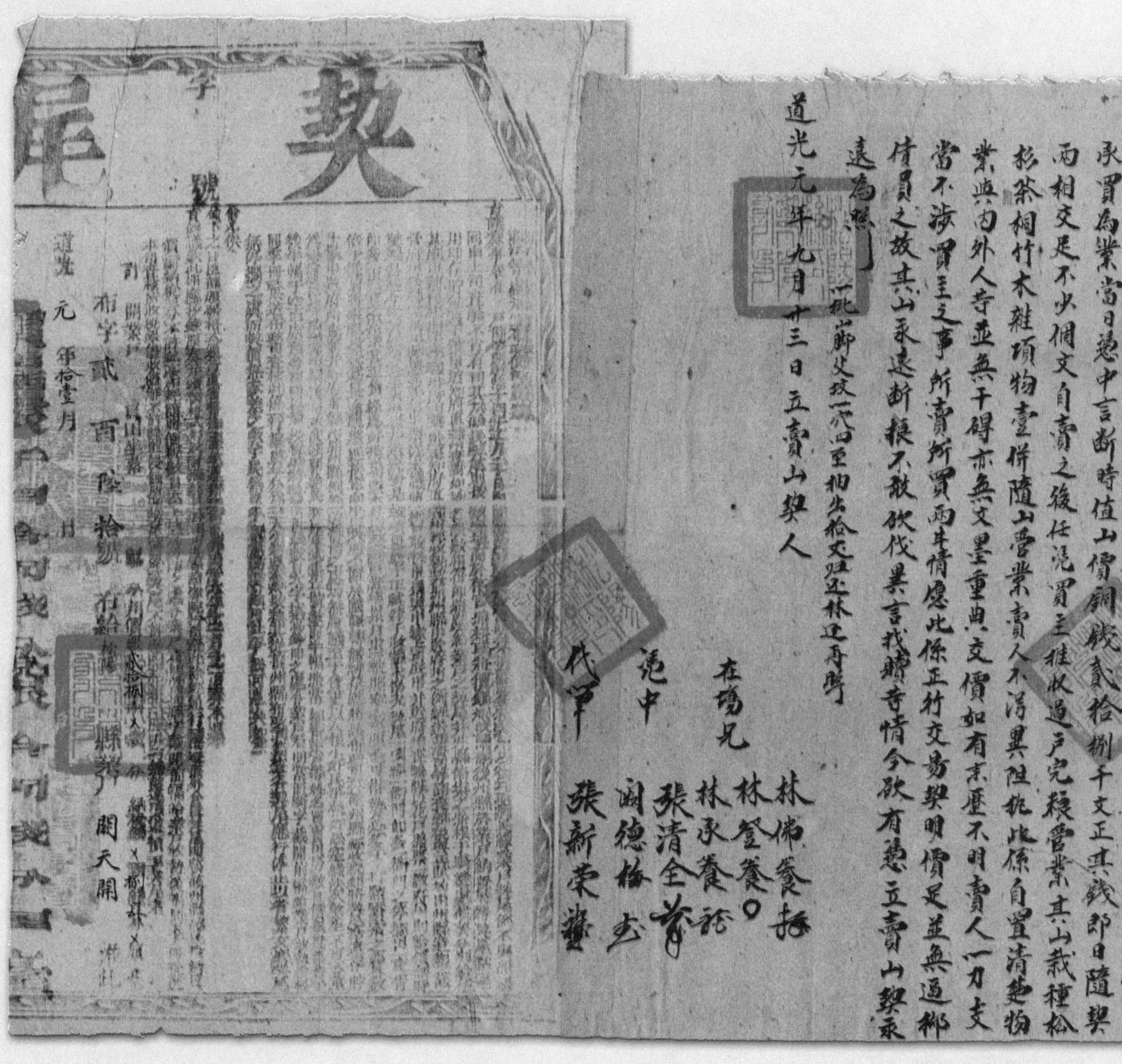
契尾

道光　元　年拾壹月　日

布字貳百陸拾

闕天開

承買為業當日憑中言斷時值山價銅錢貳拾捌千文正其錢即日隨契
兩相交足不少個文自賣之後任從買主推收過戶完糧管業其山栽種松
杉茶桐竹木雜項物壹併隨山管業賣人不得異阻執此係自置清業物
業與內外人等並無干碍亦無文墨重典交價如有來歷不明賣人一力支
當不涉買主之事所賣所買兩相情愿此係正行交易契明價足並無逼抑
債負之故其山永遠斷根不敢砍伐異言找贖等情今欲有憑立賣山契永
遠為照

一批山節又坆一穴四至抽出拾丈歸還林廷冉（？）

道光元年九月十三日立賣山契人

在場兄　林佛養　押
林登養　〇
林承養
憑中　張清全
闞德梅
代筆　張新榮

（前頁）>>>>>

立賣山契人林佛養，今因錢粮無办，自情愿将兄弟自置山塲均分閫内民山壹處，坐落本邑廿一都夫人庙庄芥菜源内，小土名騎馬崗左片安着，上至當衆埋石為界，下至山脚為界，左至騎馬崗隨砂路為界，右至当衆埋石為界，今具四至分明，計額弍分正，托中欲行立契，出賣與闕天開承買為業，當日憑中言斷，時值山價銅錢貳拾捌千文正，其錢即日随契兩相交足，不少個文，自賣之後，任凴買主推收過户，完粮管業，其山栽種松杉、茶桐、竹木雜項物，壹併随山管業，賣人不得異（言）阻执，此係自置清楚物業，與内外人等並無干碍，亦無文墨重典交價［加］，如有来歷不明，賣人一力支當，不涉買主之事，所賣所買，兩甘情愿，此係正行交易，契明價足，並無逼抑債負之故，其山永遠断根，不敢砍伐異言找贖等情，今欲有憑，立賣山契永遠為照。

一批山脚父坟一穴，四至抽出拾丈，归还林边，再照。

道光元年九月廿三日　立賣山契人　林佛養

在塲兄　林登養

林承養

凴中　張清全

闕德梅［珻］

代筆　張新荣

（契尾，道光元年拾壹月）

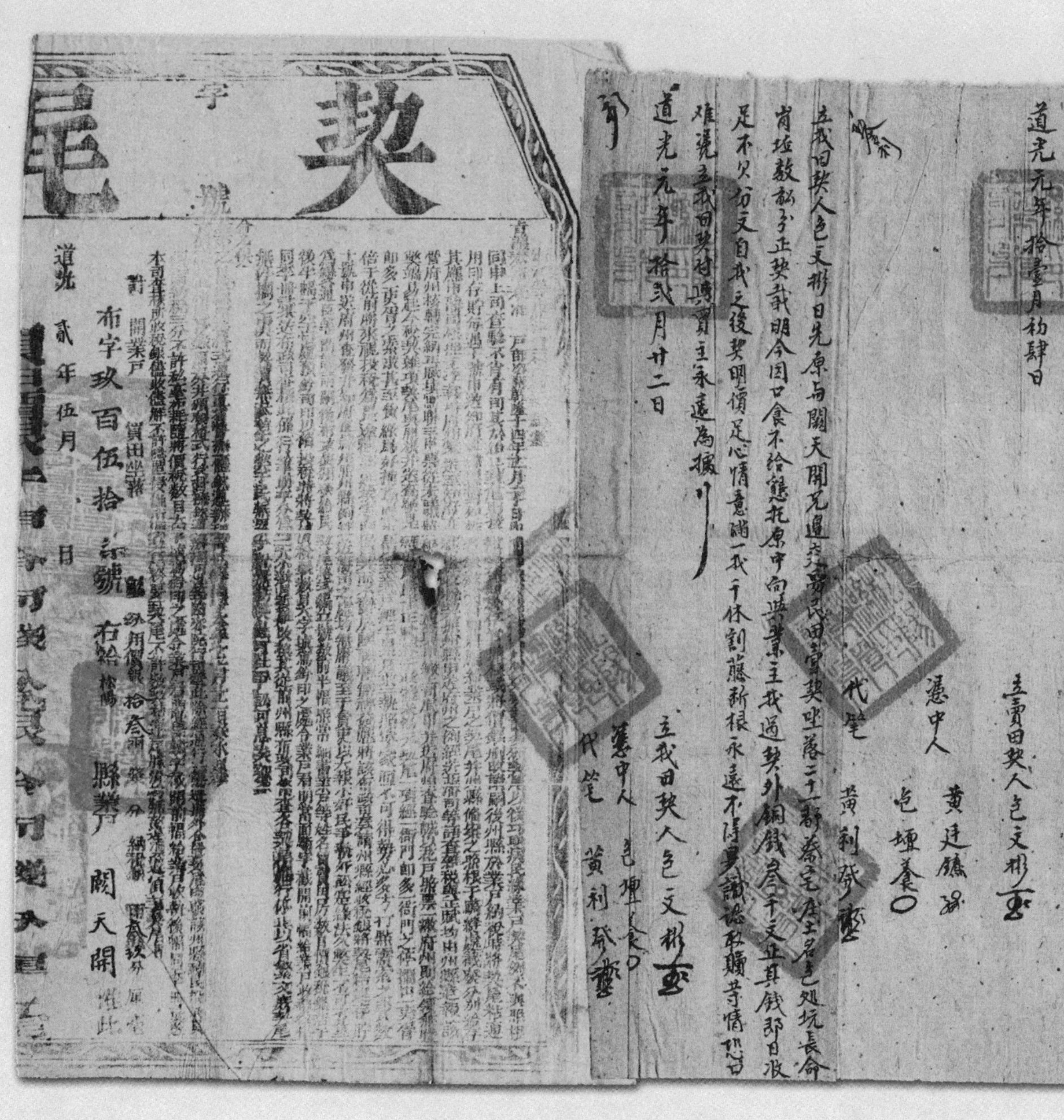

契尾　字　號

道光　貳　年　伍　月　日

布字玖百伍拾　號　業戶　闕天開　准此

立找田契人邑文彬日先原与闕天開兄邊去賣己氏田壹契坐落二十一都蕎宅庄土名邑処坑長命肯垣敷畝，今立契載明。今因口食不給，懇托原中向與業主找過契外銅錢叁千文，其錢即日收足不欠分文。自找之後，契明價足，心情意願，一找千休，割藤斷根，永遠不得異識語取贖等情，恐口難憑，立找田契付與買主永遠為據。

道光元年拾弍月廿二日　立找田契人邑文彬（押）

憑中人　邑塽養○

代筆　黃利發（押）

道光元年拾壹月初肆日　立賣田契人邑文彬（押）

憑中人　黃廷鏞（押）　邑塽養○

代筆　黃利發（押）

（前頁）>>>>>

立賣田契人包文彬，今因錢粮無办，愿將自置民田，坐落松邑二十一都蔡宅庄，土名仓處坑長命崗，田壹坵，上至山，下至山骨，左至田，右至山骨為界，計額弍分正，具出四至分明，託中親立文契，出賣與茶排庄闕天開兄邊承買為業，憑中言断，時值田價銅錢拾千文正，其錢即日兩相訖足，不欠分文，其田自賣之後，任湺買主推收过户完粮，起耕管業，賣人無得異言，其田未賣之先，亦無重典文墨交加，與上下内外伯叔兄弟人等無涉，乃係自己親業，如有来歷不明，皆係賣人一力承當，不涉買主之事，其田所賣所買，委係正行，並無逼抑準折債負之故，其田一賣千休，割藤断根，永遠不得異言找價取贖等情，今欲有湺，立賣田契付與買主子孫永遠管業為據。

道光元年拾壹月初肆日　立賣田契人　包文彬

憑中人　黄廷镳

包壇養

代笔　黄利發

立找田契人包文彬，日先原与闕天開兄邊交易民田壹契，坐落二十一都蔡宅庄，土名包处坑長命崗，坵数畝分，正契載明，今因口食不給，懇托原中向與業主找过契外銅錢叁千文正，其錢即日收足，不欠分文，自找之後，契明價足，心情意满，一找千休，割藤断根，永遠不得異（言）識認取贖等情，恐口难湺，立找田契付與買主永遠為據。

道光元年拾弍月廿二日　立找田契人　包文彬

憑中人　包壇養

代笔　黄利發

（契尾，道光貳年伍月）

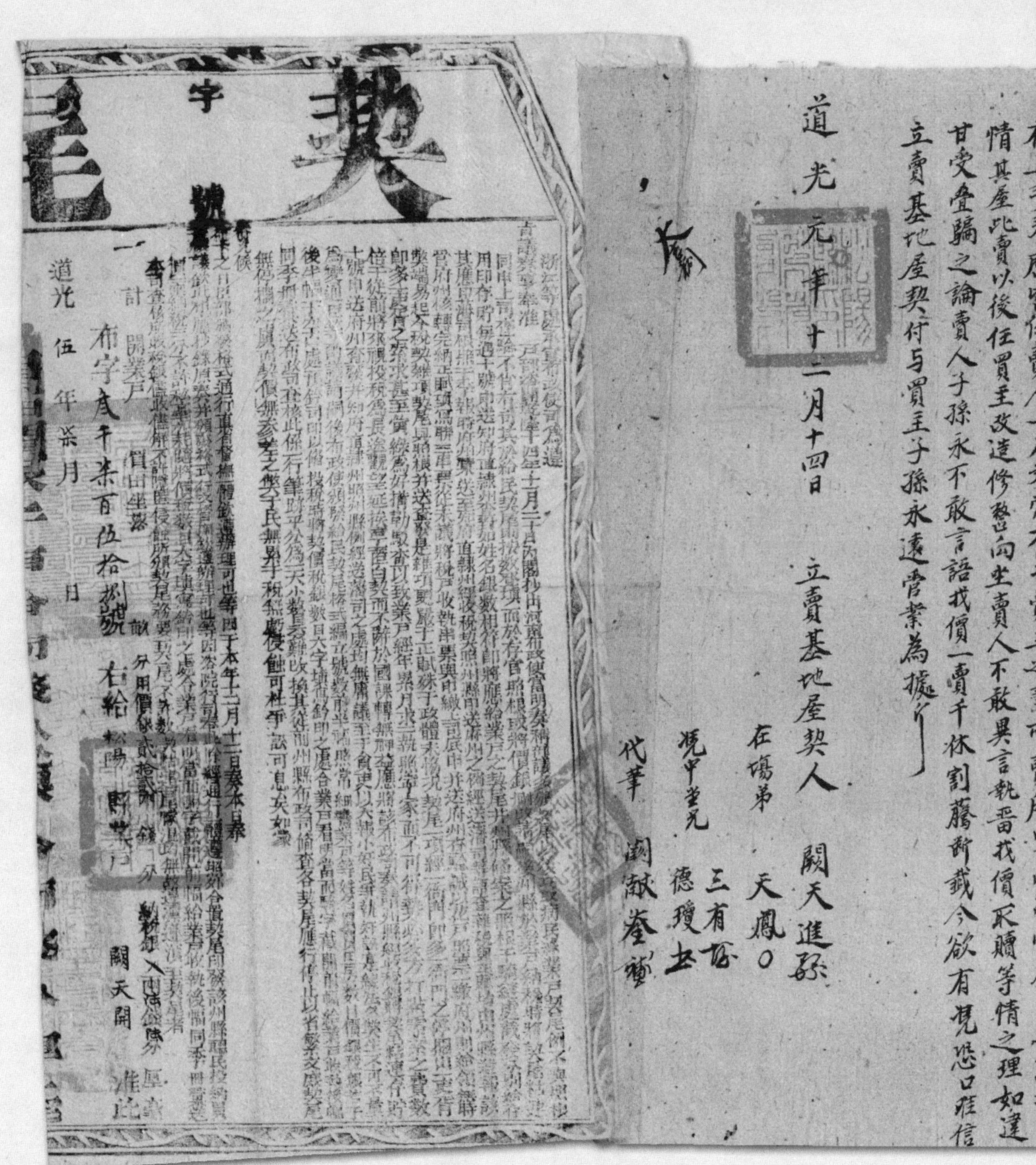

契　字

一　計開業戶　　　　　　　　買田坐落

布字叁千柒百伍拾捌號　　　右給業戶　闞天開

道光伍年柒月　日

有上手來歷皆係賣人一力支當不干買主之事，所賣屋……

情其屋此賣以後任買主改造修整向生賣人不敢異言執留找價取贖等情之理如違

甘受叠騙之論賣人子孫永不敢言語找價一賣千休割藤斷截今欲有憑恐口難信

立賣基地屋契付与買主子孫永遠管業為據

道光元年十二月十四日　　立賣基地屋契人　闞天進（押）

在場弟　天鳳

憑中堂兄　三有（押）

德瓊（押）

代筆　闞獻奎（押）

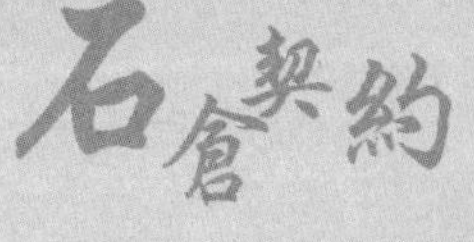

（前頁）>>>>>

立賣基地屋契人闕天進，今因無錢使用，自情愿将自手置架造房屋，坐落本都茶排
庄，小土名樟樹下，瓦屋壹堂，內至大路，外至大河，左至買主墻脚，右至買主田為界，今具四至
分明，其屋並上瓦桷下基地，柱石、板壁、门扇，具属一應在内，託中立契出賣與本家天開兄入
受承買為業，當日凴中三面断定，時值基地屋價銅錢貳拾貳仟文正，其錢即日两
相交清足訖，不欠個文，其屋基地自賣之後，任從買主居住管業，未賣日前，並無重典
復當文墨交加，原属係自手清楚物業，与内外房親伯叔兄弟子侄人等並無干涉，倘
有上手来歷（不明），皆係賣人一力支當，不干買主之事，所賣所買，两家心愿，並無逼抑等
情，其屋此賣以後，任買主改造修整向坐，賣人不敢異言執留，找價取贖等情之理，如違，
甘受叠騙之論，賣人子孫永不敢言語找價，一賣千休，割藤断截，今欲有凴，恐口难信，
立賣基地屋契付與買主子孫永遠管業為據。

道光元年十二月十四日　立賣基地屋契人　闕天進

在場　弟　天鳳

凴中堂兄　三有

德瓊

代筆　阙献奎

（契尾，道光伍年柒月）

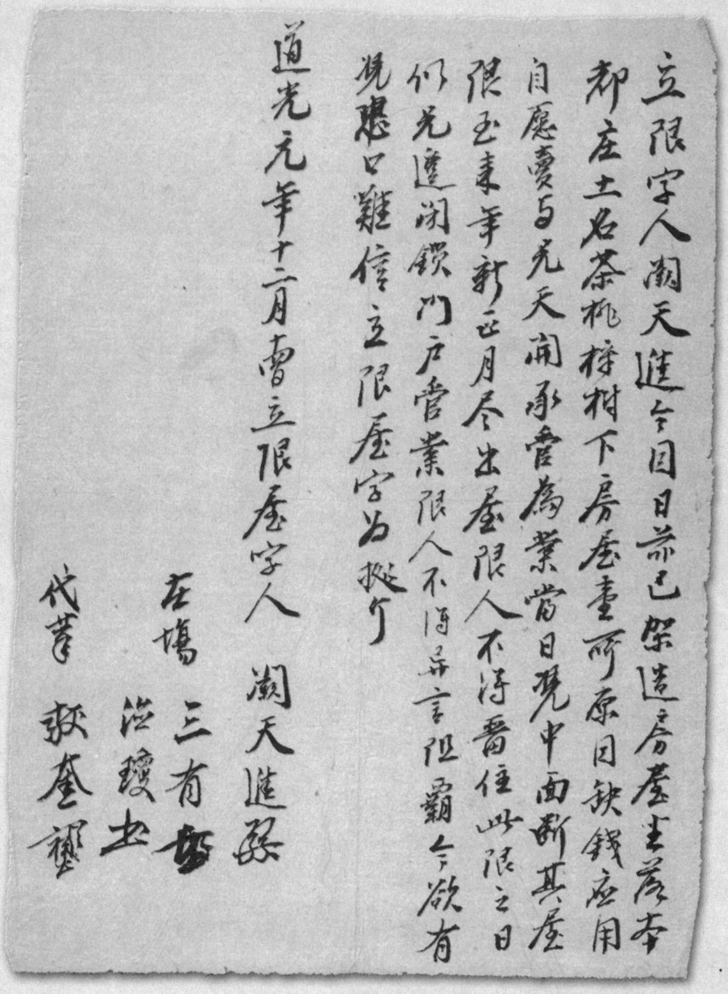

立限字人闕天進，今因日前已架造房屋，坐落本都庄土名茶排樟樹下，房屋壹所，原因缺錢应用，自愿賣与兄天闲承管為業，當日凴中面断，其屋限至来年新正月尽出屋，限人不得留住，此限之日，仍兄邊闭鎖门户管業，限人不得异言阻霸，今欲有凴，恐口難信，立限屋字为據。

道光元年十二月十四日　立限屋字人　闕天進

在塲　三有

德瓊

代筆　献奎

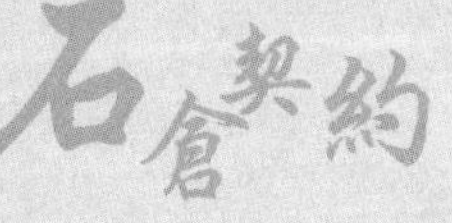

立賣田契人其魁，今因錢粮無辦，自情愿将父遺分下自己鬮下民田壹處，坐落本都庄土名社處後，水田壹處，其田上至山脚為界，下至坑為界，内至水井為界，外至徐姓田為界，計額壹分正，今具四至分明，託中筆親（立）文契，欲行出賣與法敬公祠天開、鳳奎、爨奎等相［向］前入受承買為業，當日憑中三面言断，時值田價銅錢陸仟文正，其錢即日隨契两相交兑足訖，不少個文，其田任從祠内推收過户，入册完粮，易耕改佃，收租管業，賣人無得異言，其田未賣日前，亦無重典文墨交加，其田原係父遺分下自己阄内清楚產業，與上下内外伯叔兄弟子侄人等並無干涉，如有来歷不明，皆係賣人自己一力承當，不涉祠内之事，所賣所買，委係正行交易，并非準折債負之故，其田自賣之後，契明價足，割藤断根，永遠不得異言找價取贖等情，今恐難憑，立賣田契付與祠内永遠管業為據。

道光元年十弍月廿叁日　立賣田契人　其魁

在見　兄　其斌

其文

憑中　瓊華

代筆石日才

（契尾，道光陸年拾壹月）

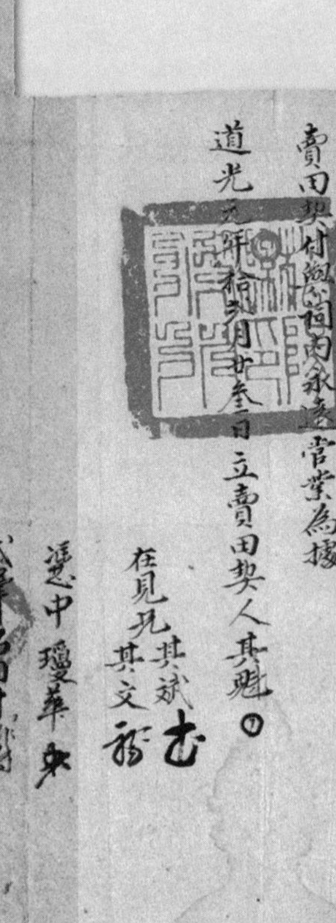

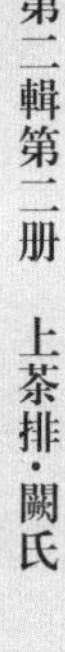

契

字　號

計　開業戶

布字　伍　百　伍號　右給　松陽　縣業戶　闕天開等　准此

道光　陸　年　拾壹　月　日

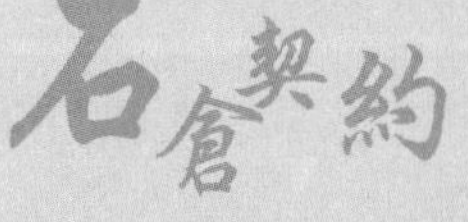

立賣山契人邹天德仝弟富德，今因乏用，自情願將父分遺下山業，坐落二十都横水口庄，土名夢嶺脚凉亭後葉蘇洋大坑合水右邊山塲壹處，上至山頂伯坟边横路與貴壽山毗連為界，下至大坑為界，左至買主山為界，右至田角内竹子窩合水直上小子良在内，與祖順山毗連為界，今俱四至分明，自願立契托中出賣與朱寧海兄邊入手承買為業，當日凴中三面言断，時值山價銅錢壹拾千文正，其錢即日收訖，不少分文，其山自賣之後，任凴買主籙養扦插種作，出拚砍伐，执契永遠管業，賣人以子及孫不敢異言阻执，其山乃係父分遺下清業，與伯叔兄弟子侄内外人等無涉，日先並未重典文墨交加之情，並無争执，如有此色，賣人自能一力承當，不干買主之事，委係正行交易，不是準折債負之故，其山業凴契賣断截例，無找贖之規，所賣所買，兩相心愿，並無逼抑等情，恐後無凴，故立賣山契永遠為據。

道光式年式月廿四日　立賣山契人　邹天德

仝弟　富德

凴中人　葉唐鄉

代筆人　鄧天申

（契尾，道光伍年柒月）

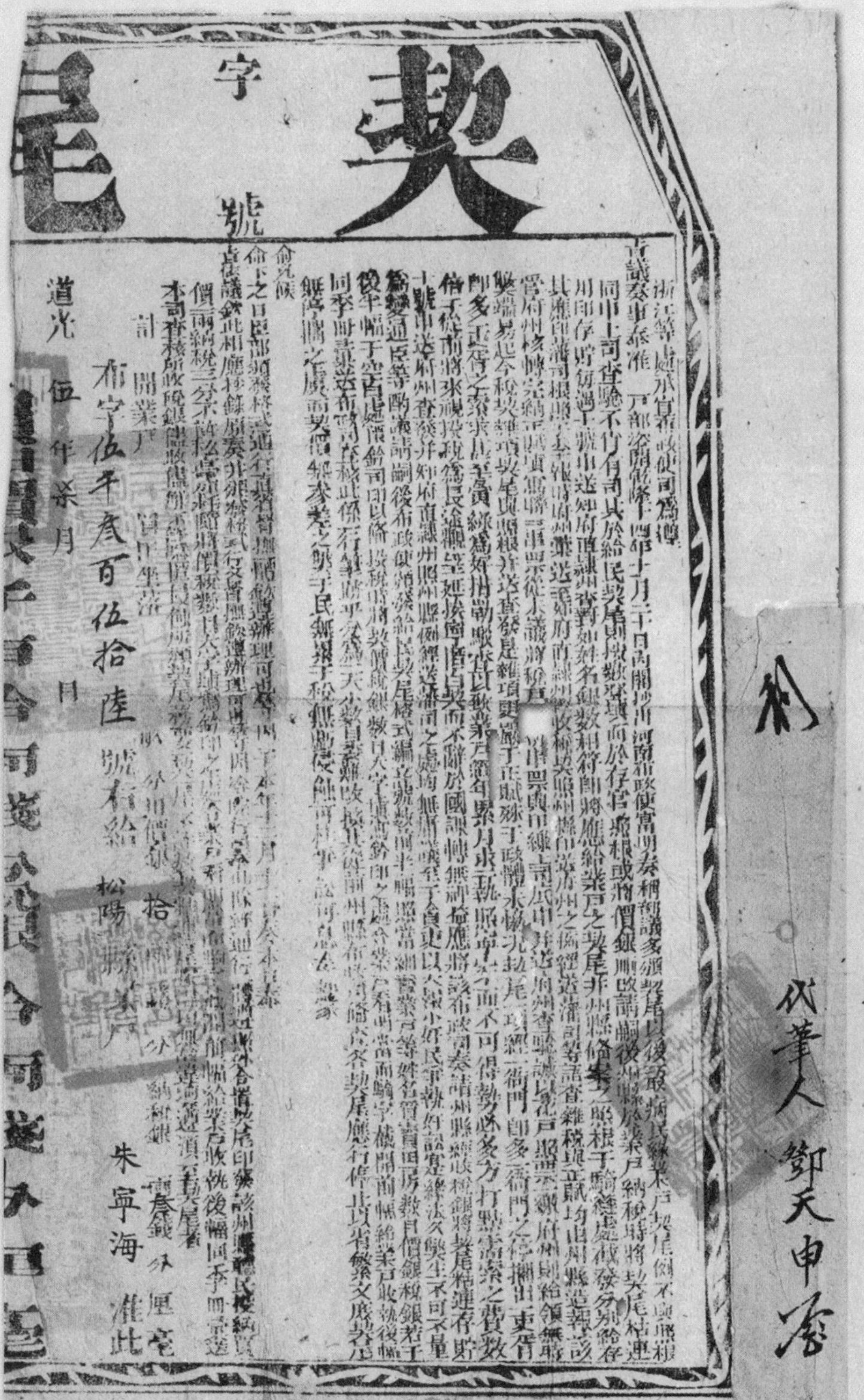

契尾

字　號

布字伍千叁百伍拾陸號

松陽

朱寧海

道光伍年柒月　日

契

憑中人　葉唐卿

代筆人　鄭天申

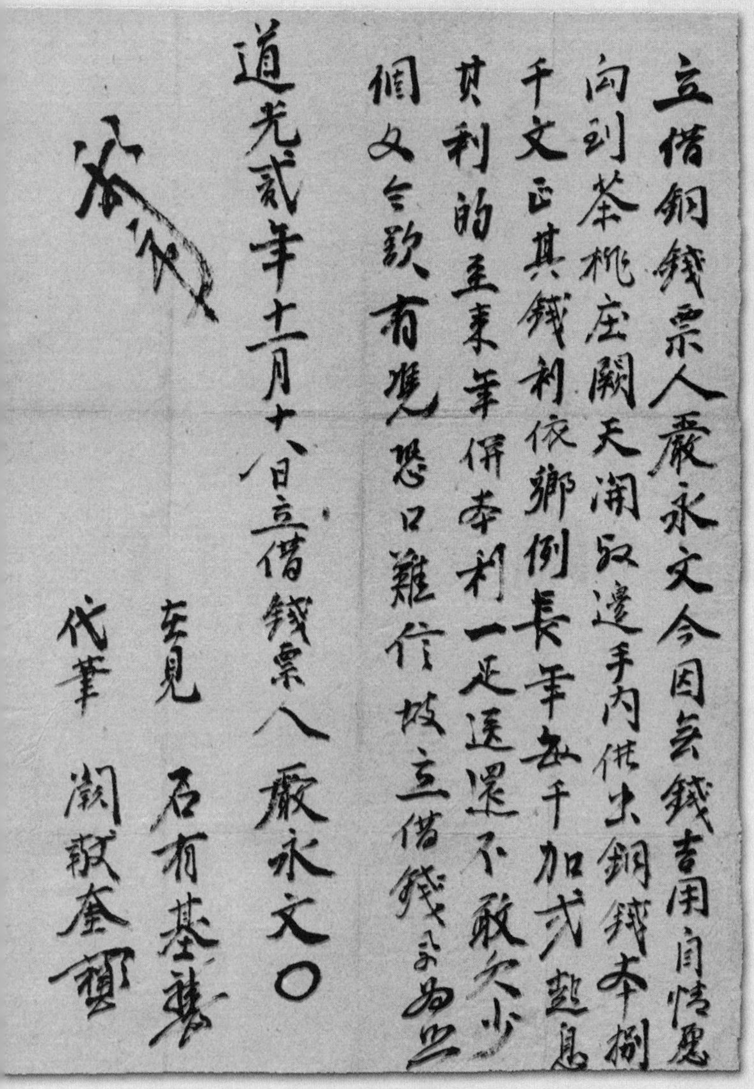

立借銅錢票人嚴永文，今因無錢吉［急］用，自情愿
向到茶排庄闕天闬叔邊手内借出銅錢本捌
千文正，其錢利依鄉例長年每千加式起息，
其利的至来年併本利一足送還，不敢欠少
個文，今欲有凴，恐口難信，故立借錢票为照。
道光貳年十一月十八日　立借錢票人　嚴永文
在見　石有基
代筆　闕献奎

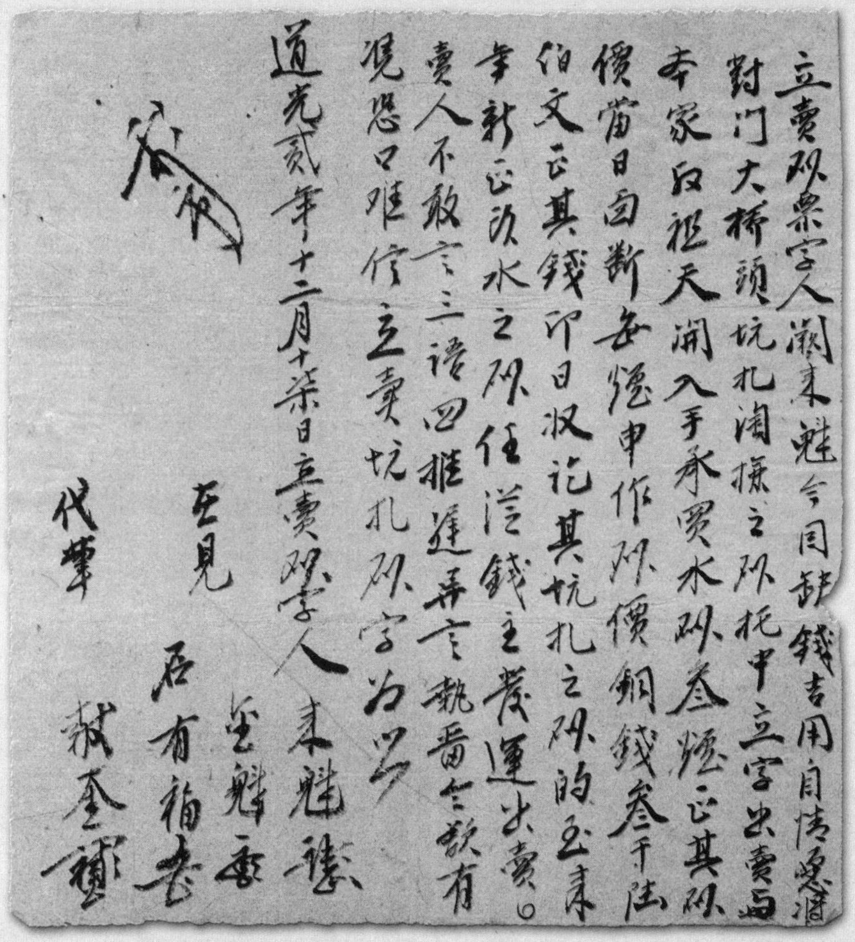

立賣砂票字人闕来魁，今因缺錢吉［急］用，自情愿将
對门大橋頭坑扎淘撿之砂，托中立字出賣与
本家叔祖天開入手承買水砂叁爐正，其砂
價當日面断，每爐申作砂價銅錢叁千陆
伯文正，其錢即日收讫，其坑扎之砂，的至来
年新正□水之砂，任從錢主發運出賣，
賣人不敢言三语四推遲，异言執留，今欲有
凴，恐口难信，立賣坑扎砂字为照。
道光貳年十二月十柒日　立賣砂字人　来魁
在見　金魁
石有福
代筆　献奎

立賣山契人闕献奎今因無錢使用自愿
祖手遺下分閹内己股下山塢坐落廿壹
都土名坳下橫坑裏安著上至山頂下至
山脚坑墘内至葉娃山外至雙坑口闕
娃山為界計額壹畝正今具四至分明托
中立契出賣與本家天開叔祖入手承
買為業當日憑中三面言斷時值山價
銅錢伍拾伍仟文正其錢即日隨契兩
相交清足訖不欠個文其山原係分股己
業与内外人等無干所賣所買兩家心
愿並無逼勒等情自賣之后任從買
主過户完納篠養扦插燒㘽蓄運賣
人不得異言如有上手來歷不明皆係賣
人支吘不干買主之事今欲有憑恐口
難信立賣山契為據。

道光叁年陆月初六日立賣山契人 闕献奎

立賣山契人闕獻奎，今因無錢使用，自愿
祖手遺下分阄内己股下山塲，坐落廿壹
都，土名坳下横坑裏安着，上至山頂，下至
山脚坑弄，内至葉姓山，外至雙坑口闕
姓山為界，計額壹亩正，今具四至分明，托
中立契，出賣與本家天開叔祖入手承
買為業，當日凴中三面言断，時值山價
銅錢伍拾伍仟文正，其錢即日隨契两
相交清足讫，不欠個文，其山原係分股己
業，与内外人等無干，所賣所買，两家心
愿，並無逼勒等情，自賣之后，任從買
主過户完粮，籙養扦窑，烧炭發運，賣
人不得異言，如有上手来歷不明，皆係賣人
支听，不干買主之事，今欲有凴，恐口
難信，立賣山契為據。
道光叁年陆月初六日　立賣山契人　闕獻奎
在塲叔　永魁
見中　鳳奎
的筆

見中　鳳奎

的筆　鄭□

立賣田契人闕永壽今因無錢使用自情愿將父手遺下民田兩處一土名坐落溫岱崗田壹處大小六坵上至闕姓田為界下至張姓田為界左至[illegible]為界右至張姓田為界又土名坐落山邊田壹處內至邱姓田為界外左右俱屬買主田為界計額叁畝[illegible]今立托中立契出賣與闕天開叔公承買為業當日憑中三面言斷時值田價銅錢玖拾千文正其錢即日收訖其田自賣之後任憑買主推收過戶完粮收租管業賣人不得異言此乃正行交易並無重典文墨交加其田委係清楚產業與內外伯叔兄弟人等並無干涉如有來歷不明賣人一力承當不干買主之事其田不得異言找價取贖等情恐口無憑立賣田契為據

一批田界內加樹在內再照（押）

道光三年十一月十六日立賣田契人闕永壽（押）

憑中 闕永煥（押）
闕永魁（押）
闕鳳奎（押）
闕耀奎（押）
李天錫（押）
張石元（押）

代筆 闕黌奎（押）

立找田契人闕永壽原與天開叔公邊交易民田壹契土名界額正契載明今托原中向勸業主手內再找過契外銅錢貳拾仟文正其錢即日收訖其田再不得異言找價取贖等情如違甘受重罰之論恐口無憑立找契

為據

道光三年十一月二十八日　立賣田找契人闕永壽（押）

原中　闕永煥（押）
闕永魁（押）
闕鳳奎（押）
闕獻奎（押）
李天錫（押）

代筆　闕鑾奎（押）

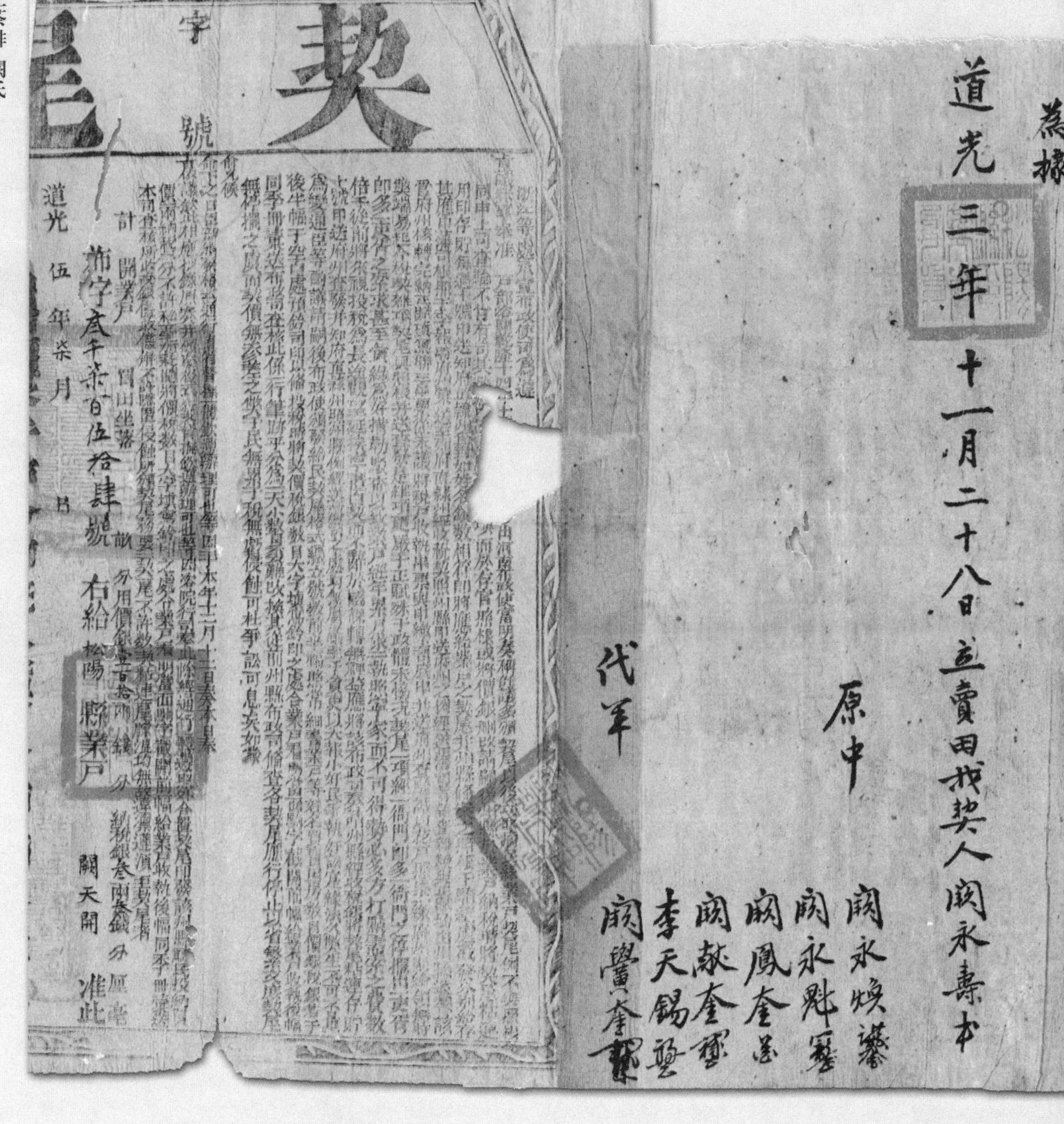

契

字　號

計　闕業戶　買田坐落　畝　分

用價銀壹百拾兩　錢　分

納稅銀叁兩叁錢　分　厘　毫

布字叁千柒百伍拾肆號　右給松陽縣業戶

闕天開　准此

道光伍年柒月　日

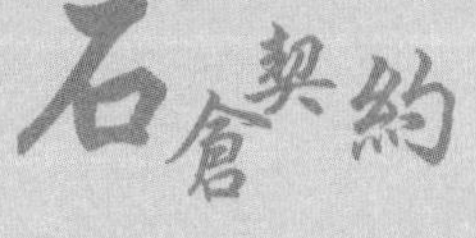

（前頁）>>>>>

立賣田契人闕永壽，今因無錢使用，自情愿将父手遺下民田兩處，一土名坐落温岱岗，田壹處，大小六坵，上至闕姓田為界，下至張姓田為界，左至路為界，右至張姓田為界，又土名坐落山邊，田壹處，内至邱姓田為界，外左右俱屬買主田為界，計額叁畝伍分正，托中立契出賣與闕天開叔公承買為業，當日憑中三面言断，時值田價銅錢玖拾千文正，其錢即日收訖，其田自賣之後，任憑買主推收過户，完粮收租管業，賣人不得異言，此乃正行交易，並無重典文墨交加，其田委係清楚產業，與内外伯叔兄弟人等並無干涉，如有来歷不明，賣人一力承當，不干買主之事，其田不得異言找價取贖等情，恐口無憑，立賣田契為據。

一批田界内柏樹在内，再照。

道光三年十一月十六日　立賣田契人　闕永壽

憑中　闕永焕

闕永魁

闕鳳奎

闕耀奎

李天錫

張石元

代筆　闕賫奎

立找田契人闕永壽，原與天開叔公邊交易民田壹契，土名界額，正契載明，今托原中向勸業主手内再找過契外銅钱貳拾仟文正，其钱即日收訖，其田再不得異言找價取贖等情，如違，甘受叠騙之論，恐口無凴，立找契為據。

道光三年十一月二十八日　立賣田找契人　闕永壽

原中　闕永焕

闕永魁

闕鳳奎

闕献奎

李天錫

代筆　闕釁奎

（契尾，道光伍年柒月）

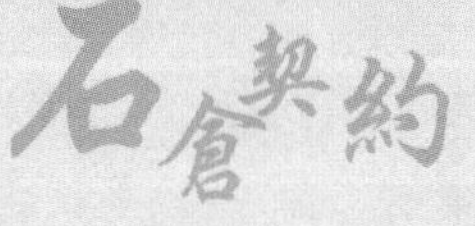

立賣菜地契人羅辛元、砿琳，今因錢粮無办，自情愿将祖父遺下菜地，坐落廿都横水庄，土名背頭嶺自己寮屋门口菜地壹横，上至门口墈，下至邹姓麻地墈，左至糞缸石墈，右至小坑，今俱四至分明，計額壹分，並及茶頭雜木，一應在内，托中出與茶排庄闕天开叔邊入受承買為業，當日憑中面断，時值價錢肆千弍百文正，其錢即日兄弟親收完訖，不少個文，其菜地自賣之後，任憑買主執契起耕過户，賃租管業，賣人兄弟人等不得異言阻滞，其菜地乃係祖父遺下清業，與内外人等無涉，日先亦無典當文墨交加，如有上手来歷不明，皆係賣人一力承躭［擔］，不涉買主之事，愿賣愿買，契載割藤，永無找贖，此出二家情愿，並無逼抑等情，恐口难信，故立賣契付與業主永遠為照。

道光叁年十一月廿伍日　立賣菜地契人　羅辛元

砿琳

凴中　胡其松

代筆　羅輝日

（道光陸年弍月）

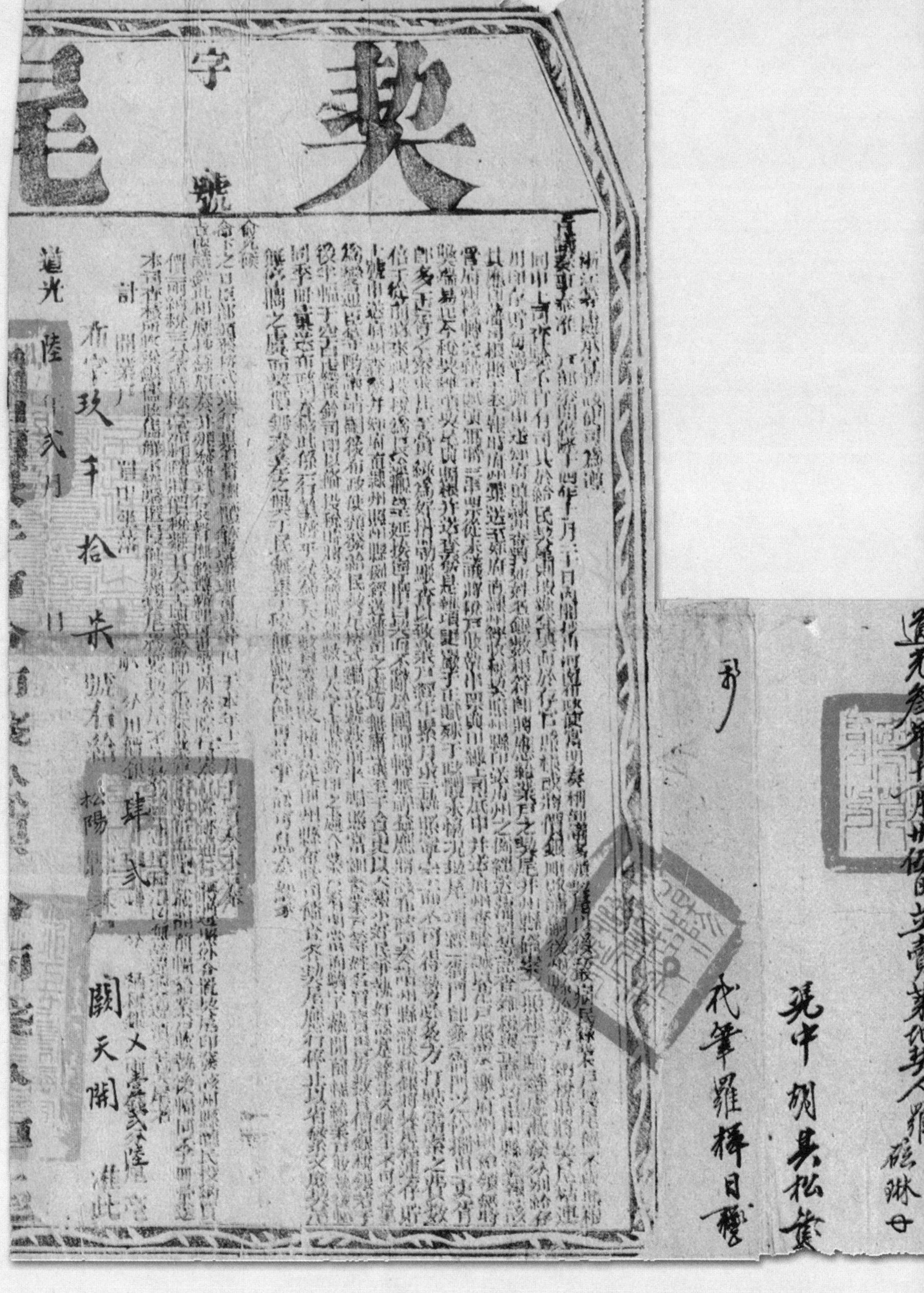

契尾

字　號

計開業戶　闕天開

布字玖千拾柒號

價銀肆拾弍

道光陸年弍月　日

准此

道光叁年十一月廿伍日立賣契[illegible]

憑中　胡其松

代筆　羅[illegible]日

立討菜地劄人羅辛元，今来討到𨵗天閈叔

邊名下菜地，坐落廿都横水口庄自己住屋门口

石𡍏下，菜地壹横，討来耕種，當日面定，每年充

纳地租頭麻肆斤正，其租的至五月麻出交清，

不得少欠两錢，恐口难信，故立討劄為照。

道光叁年十一月廿五日　立討劄人　羅辛元

討見　胡其松

代筆　羅輝日

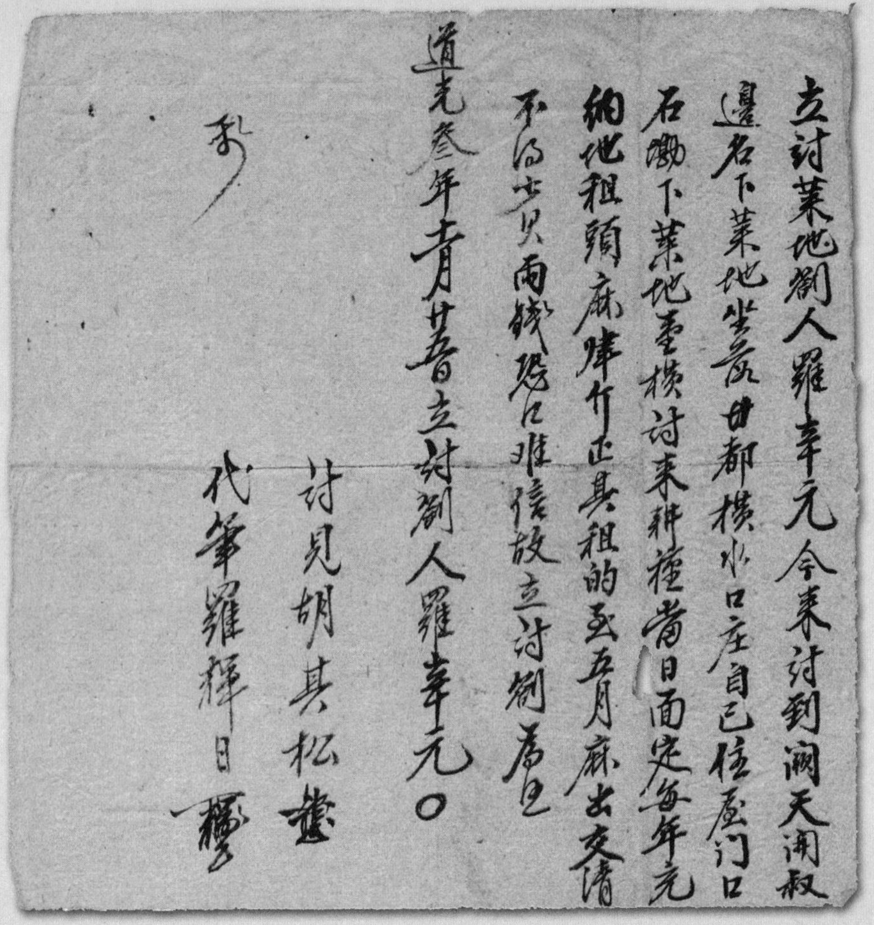

立討麻地劄人羅辛元，今因無麻地耕種，自愿立劄
討到茶排庄闞天有、闲伯公名下麻地，坐落廿都横水庄
大路面，麻地壹塊，并及柏茶、棕桐、竹頭，一应在内，討来耕
種籙养，當日面断，每年充纳頭麻地租共弍拾弍斤
正，其麻的至頭麻出息，一足送交清訖，不敢少欠斤两，
如有拖欠麻租不清，其種麻地另佃他人，羅邊不得娄
種，此出二家情愿，並無逼抑等情，恐口难信，故立
討劄為據。

道光叁年十一月廿六日　立討劄人　羅辛元

在見劄　羅砇琳

代筆　羅輝日

立當口坑扎字人阙銀魁，今因口食不給，自愿将父手遺下，坐落土名大橋頭三坑壹门，将己分半门並及砂坪水路俱属在内，托中立字出當与本族天鬧叔□，當過銅錢捌千文正，其錢利當日面断，每年每千行利加式起息，其錢並本利的至輪流值年，一足送還，不敢欠少，如違，其坑租埸任從錢主出包歸款本利，当人不得异言，今欲有凴，恐口难信，故立當字为照。

道光叁年十弍月卅日　立當坑扎字　阙銀魁

在見　阙金魁

林炳琳

代筆　阙献奎

立賣田契人項榮增，今因缺用，自情愿将自置民田壹處，坐落廿壹都后宅庄，小土名央老路上，安着其田，上下俱阙姓田為界，左右俱山为界，今具四至分明，計額壹畝正，立契出賣與阙天錫入受承買為業，當日憑中三面言斷，時值田價錢肆拾捌千文正，其錢即日收足，其田自賣，任從買主推收過户完粮，易佃耕種管業，其田乃係自置清楚物業，與内外房親伯叔兄弟人等並無干碍，日先亦無重典文

之事　此出两相情愿　並無反悔逼抑等情　恐口
無憑，一賣断截，永無找贖等情，立賣田契付
與買主永遠管業為據。
道光肆年三月十三日　立賣田契人　項榮增
　　　　　　　　　　憑中人　方法光
　　　　　　　　　　　　　　賴光清
　　　　　　　　　　代筆人　王國賢

（契尾，道光伍年）

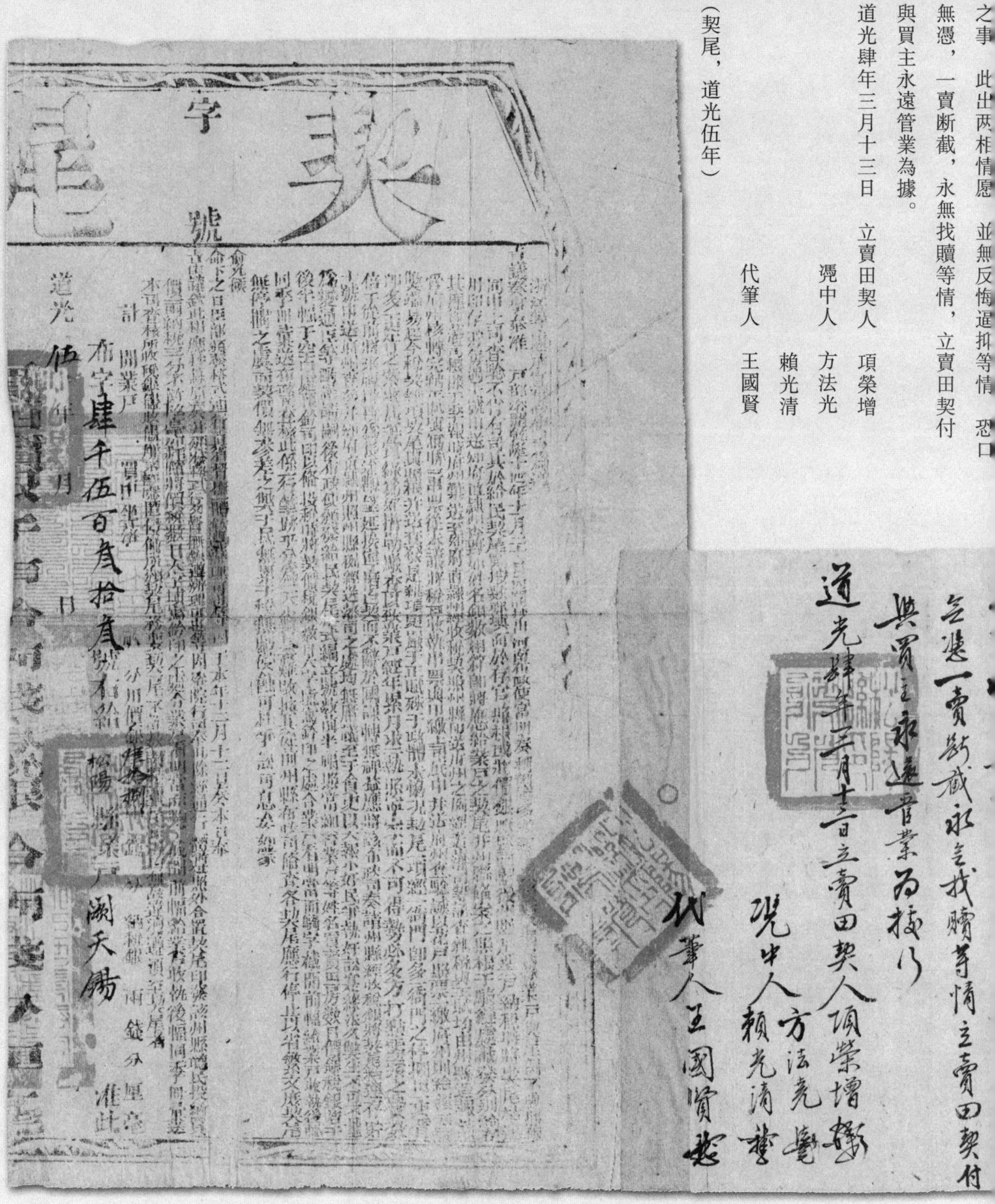

立賣契人闕財魁，今因粮迫，自情愿将祖父遺下民業壹處，坐落廿一都夫人廟庄，土名西山崗坑鋪基壹塊，又砂坪壹處，上至林姓田為界，下至林姓田為界，右至山脚為界，左至石盤坑壠為界，今俱四至分明，計額壹分正，今来托中立契，出賣與本家天閞叔公手内承買為業，當日三面言断，時值價錢壹拾千文正，其錢即日當中两相交訖，不少個文，其業砂坪基地自賣之後，任凴買主起耕收租管業，其砂坪基地日後歇業，任凴買主閞北［辟］成田，完粮收租管業，賣人無得異言阻执，其業此係自己清楚物（業），並無伯叔兄弟人等（争）执，如有来歷不明，賣人一力承當，不涉買主之事，此係清楚物業，所賣所買，两相情愿，其業日後永無找贖之理，契載斷根，並無反悔逼抑等情，今欲有凴，立賣契永遠為據。

道光肆年伍月拾玖日　立賣契人　闕財魁

凴中人　石有福

闕天進

林炳琳

代筆人　闕金魁

（契尾，道光伍年柒月）

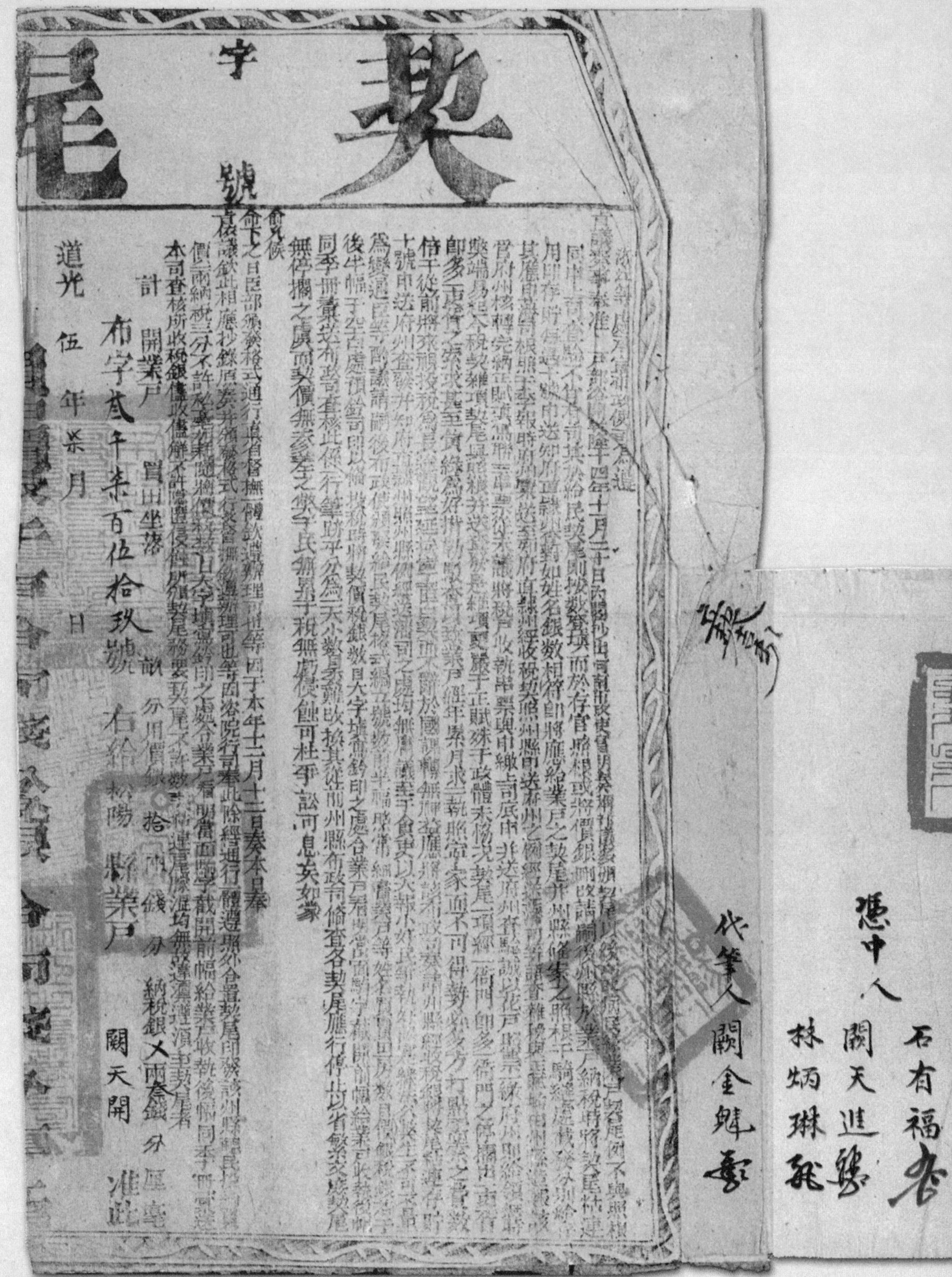

契尾

字　號

計　開業戶　買田坐落　畝　分用價銀　拾　兩　錢　分　納稅銀叉兩叁錢　分　厘　毫

布字叁千柒百伍拾玖號　右給　松陽　縣業戶　闕天開　准此

道光　伍　年　柒　月　日

憑中人　石有福

闕天進

林炳琳

代筆人　闕金鮭

立起送票程良德仝侄培高等，原因日前與阙天阴兄邊交易民山壹契，计额叁畆，業經照契載明畆額，收入遏户完粮，並無丟漏，今因山少粮多，無力賠完，自托親友向阙边理明，于契外将一都儒行庄程元户下起送山粮拾五畆正，與阙邊收入遏户办粮，以作加找之资，日後其山任從阙邊扦葬籙養砍伐，永遠管業，其粮亦聽阙邊推收，程邊再無異言，恐口難信，故立起送票為據。

道光四年九月十七日　立起送票　程良德

仝弟　春華

文钱

侄　培高

在見　郭茂荣

代筆　葉三玉

立賣田契人鄧元通，今因錢粮無办，自情愿
将父手遺下民田壹處，土名坐落廿一都百步庄，
小土名百步庄蘭排上，田大小貳坵，計額伍厘正，自
愿托中立契，出賣與林新應親边入受承買為
業，其田三面踏明，上至買主田，左至買主田，右至買
主田為界，下至鄧姓田為界，今俱四至分明，即日
三面言断，時值田價銅錢貳千捌百文，其錢即日
隨契交足，不欠個文，其田與房親伯叔兄弟人等
並無寸土干碍，倘有上手来歷不明，文墨交架［加］，賣
人一力承當，不涉買（主）之事，自賣之後，任憑買
主過户完粮，起耕管業，割藤截根，永無找贖，
愿買愿賣，並無逼抑等情，一賣千休，恐口無
憑，故立賣契為據。

道光伍年貳月廿七日　立賣田契人　鄧元通

見中人　鄧元進

代筆人　鄧元榮

立賣田契人闕其發仝弟其標其章其龍其麟其福等今因母故喪具無措情愿將祖父遺下民田弍処其田土名坐落廿一都后宅庄洋坳頭坐窩田五横大小拾丘址上至丁發元田下至闕天祜田左至茶山右至松樹山為界又田乙処坐崗大小陆丘址上至天耀田下至曹姓田左至曹姓田右至茶山為界今載四至分明計額弍畝正托中立契出賣與房姪闕天錫边入手承買為業田內父母坟弍穴不在數內其田三面言斷時值田價銅錢陆拾千文正其錢即日兩相交訖不少分文其田自賣之后任凭推收過户起耕完粮收租管業此係已分之業與內外人等無涉日先亦無重典若有來歷不明賣人一力承當不干買主之事此出兩相情愿永無找贖等情恐口無凭立賣契永遠為據

一批內註中字再照

道光五年十月初弍日立賣田契人闕其發（押）

仝弟 其標（押）
其章（押）
其龍（押）
其麟（押）
其福（押）

凭中 葉梧山（押）
闕其萬（押）
其元（押）
其有〇

代筆 葉大觀（押）

并

立杜找田契人闕其發仝弟其標其章其龍其麟其福等日前原與房姪闕天錫边交易民田弍処土名坐落廿一都后宅庄洋坳頭安着其田界額前契載明今因無錢使用托原中向買主找出契外錢拾捌千文正其錢即日收足不少分文自找之后契明價足永斷割藤日后永無再找言贖等情恐口無凭立杜找永遠為據

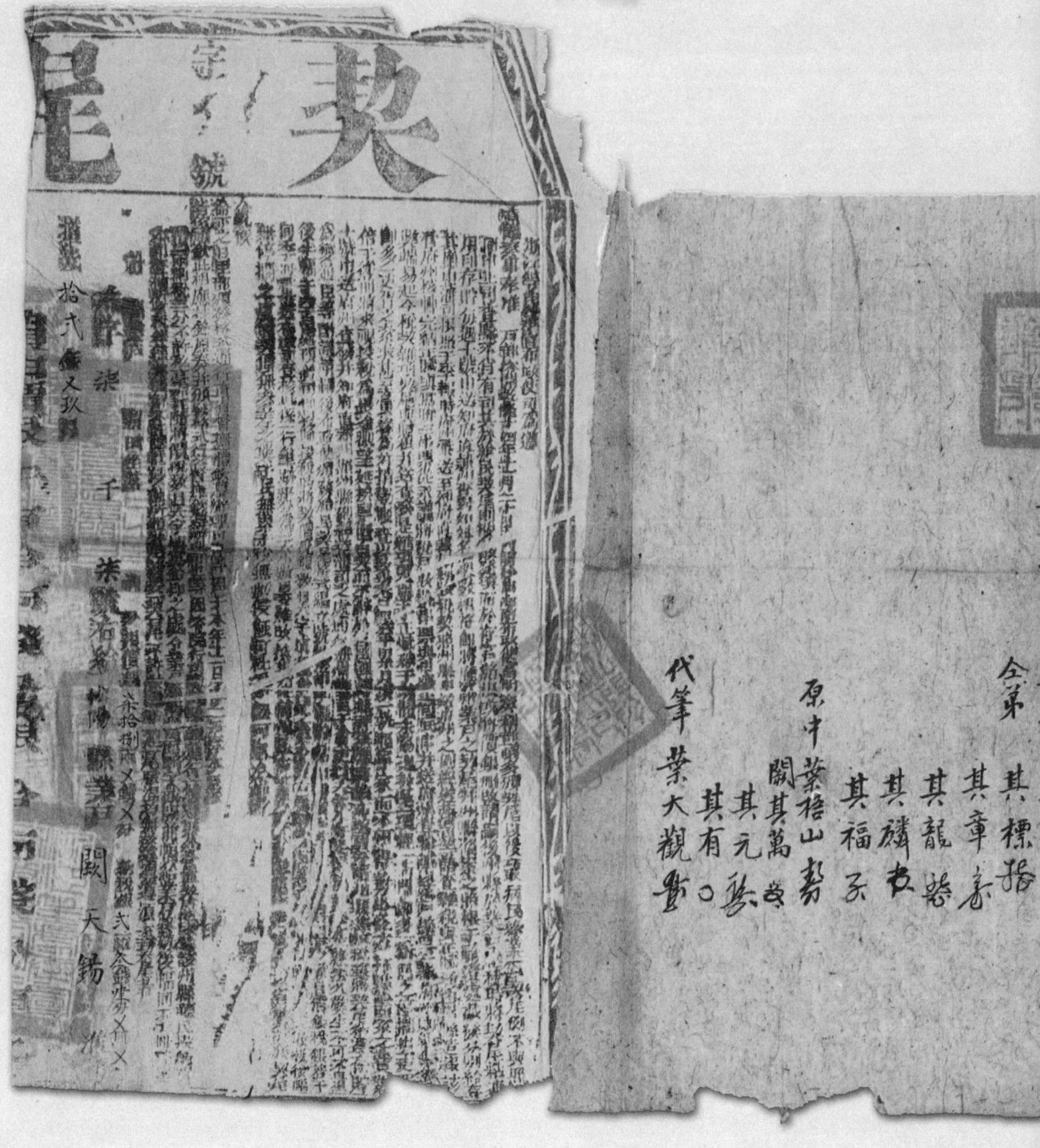

仝弟　其標
其章
其龍
其麟
其福

原中　葉檜山
闕其萬
其元
其有

代筆　葉大觀

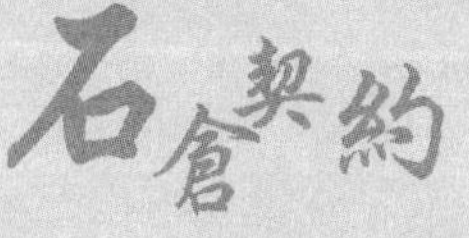

（前頁）>>>>>

立賣田契人闕其發仝弟其標、其章、其龍、其麟、其福等，今因母故，喪具無措，情愿将祖父遺下民田弍处，其田土名坐落廿一都后宅庄洋坳頭坐窩，田五横，大小拾一坵，上至丁發元田，下至闕天祜田，左至茶山，右至松樹山為界，又田一处，坐岗，人小陆坵，上至天耀田，下至曹姓田，左至曹姓田，右至茶山為界，今載四至分明，計額弍畝正，托中立契，出賣與房姪闕天錫边入手承買為業，田内父母坟弍穴不在数内，其田三面言断，時值田價銅錢陆拾千文正，其錢即日两相交訖，不少分文，其田自賣之后，任凴推收過户，起耕完粮，收租管業，此係己分之業，與内外人等無涉，日先亦無重典，若有来歷不明，賣人一力承當，不干買主之事，此出两相情愿，永無找贖等情，恐口無凴，立賣契永遠為據。

一批内註中字，再照。

道光五年十月初弍日　立賣田契人　闕其發

仝弟　其標

其章

其龍

其麟

其福

憑中　葉梧山

闕其萬

其元

其有

代筆　葉大觀

立杜找田契人闕其發仝弟其標、其章、其龍、其麟、其福等，日前原與房姪闕天錫边交易民田弍处，土名坐落廿一都后宅庄洋坳頭安着，其田界額，前契載明，今因無錢使用，托原中向買主找出契外錢拾捌千文正，其錢即日收足，不少分文，自找之后，契明價足，永断割藤，日后永無再找言贖等情，恐口無凴，立杜找（田契）永遠為據。

道光五年十一月十三日　立杜找田契人　闕其發

仝弟　其標

其章

其龍

其麟

其福

原中　葉梧山

闕其萬

其元

其有

代筆　葉大觀

（契尾，道光拾弍年又玖月）

立出包坑字人阙银魁原因自置周岭小湖头坑壹条共三股内已分壹股今因缺工今来立约出包与李天养兄边承包淘洗壹载当日三面言断充纳坑租洋银壹拾叁元正其洋银即日交讫不少分厘其坑任凭上坑杆洗生理其坑本月十五上坑洗至对期满坑交还坑主另包他人承人无得异言当日面言坑内水塘水路源头租承人自办不干坑主之事其水塘租谷坑主自收自保两相情愿恐口难信立出包一字为照

道光伍年拾叁月十五日立出包坑字人　阙银魁（押）

代笔

在见　郑石养（押）

阙金魁（押）

（前頁）>>>>>

立出包坑字人阙銀魁，原因自置周嶺小湖頭坑壹条，共三股，内已分壹股，今因缺工，今来立约出包與李天養兄边承包淘洗壹載，当日三面言断，充纳坑租洋银壹拾弍元正，其洋银即日交兑，不少分厘，其坑任凂上坑扦洗生理，其坑本月十五上坑洗，至对期滿坑，交还坑主另包他人，承人無得異言，当日面言，坑内水塘水路源頭租承人自办，不干坑主之事，其水塘租谷，坑主自收，自係两相情愿，恐口难信，立出包字為照。

道光伍年拾弍月十五日　立出包坑字人　阙銀魁

在見　郑石養

代筆　阙金魁

立賣田契人石日才今因錢粮無办自愿將父手遺下閹內坐落本都夫人庙庄土名庙后民田壹坵其田上至湖才峯田為界下至寺田為界左至闕姓菜地為界右至大路石堪為界計額三分正今俱界額分明親立契據出賣與定光會衆邱榮全等會內入手承買為業其田即日憑中言斷時值田價銅錢拾千文正其錢隨契兩相交訖不少個文其田自賣之後任從會衆推收過户收租管業賣人無得異言阻执其田未賣日先並無重典文墨交加亦無伯叔兄弟內外人等干碍如有來歷不明賣人一力支當不涉會衆之事所賣所買此乃正行交易並無逼抑準折之故一賣千休割籐斷根日後不得異言找價取贖等情今欲有憑立賣田契付與會衆永遠為據

道光陸年正月貳拾玖日立賣田契人石日才

石勝才

石湖才

憑中 闕和生

石騰才

代筆 石月才

立找田契人石福松全弟福州今因迫給父故日先與定光會衆闕天開、永焕、邱榮全等交易民田壹坵坐落庙后安着其田界額計俱正契載明因缺喪迫用自請憑中相勸會內找出契外銅錢肆千文正其錢隨契兩相交訖不少個文自找之後任從會內等起耕改佃收租管業賣人不得異言割籐斷根其田四至界內不啚及樹木一概在內

[illegible]

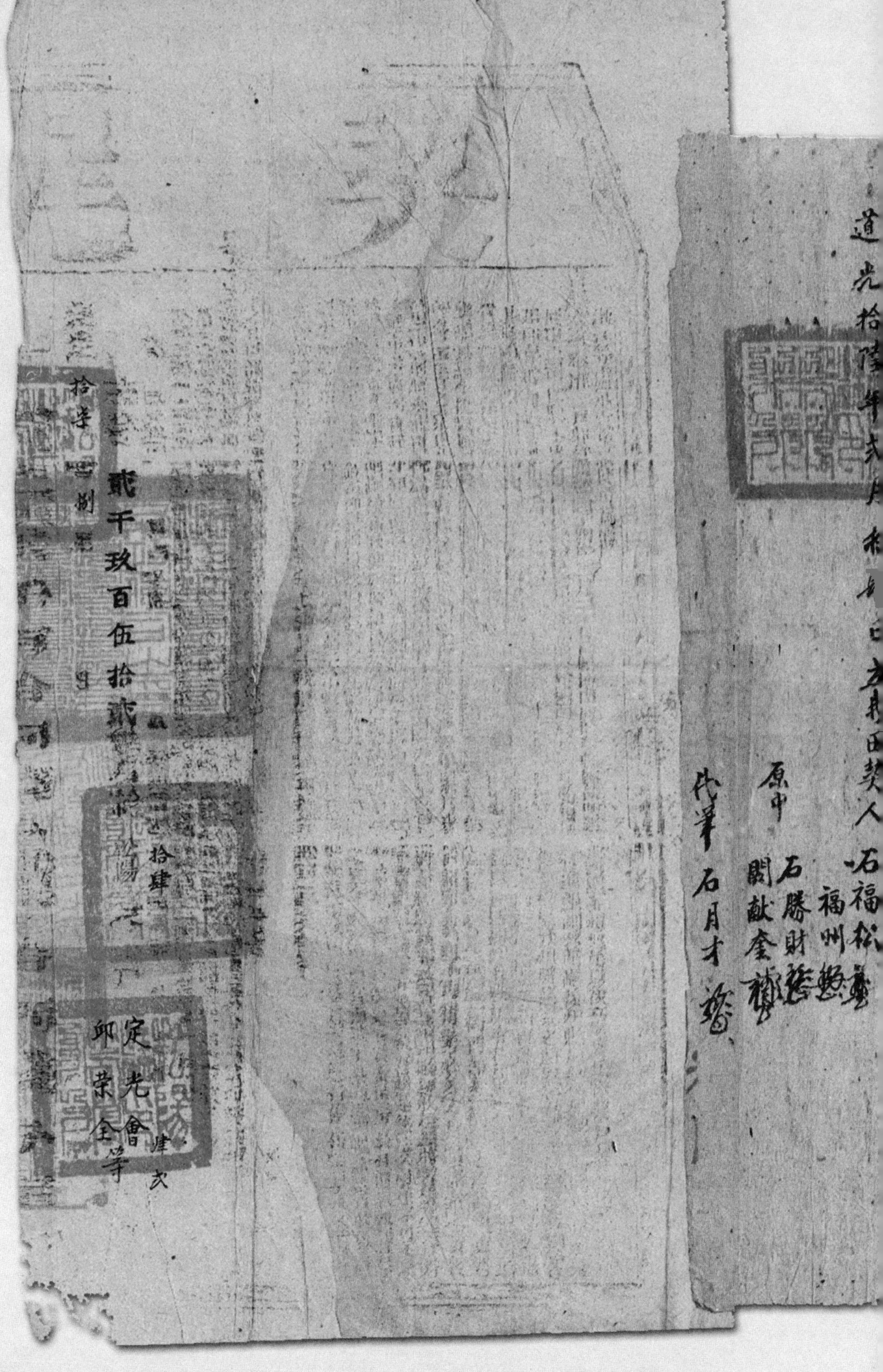

貳千玖百伍拾貳

拾肆

定光會　肆弍
卯崇全等

道光拾陸年弍月　日立契人　石福松
福州
原中　石勝財
闕畝奎
代筆　石月才

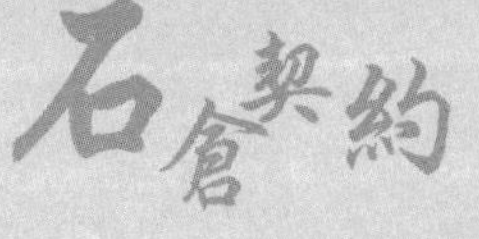

（前頁）>>>>>

立賣田契人石日才，今因錢粮無办，自愿（將）父手遺下阄内，坐落本都夫人庙庄，土名庙后，民田壹坵，其田上至湖才弟田為界，下至寺田為界，左至阙姓菜地為界，右至大路石墈為界，計額三分正，今俱界額分明，親立文契據，出賣與定光會衆邱荣全等會内人手承買為業，其田即日凴中言断，時值田價銅錢拾千文正，其錢随契两相交訖，不少個文，其田自賣之後，任從會衆推收過户，收租管業，賣人無得異言阻执，其田未賣日先，並無重典文墨交加，亦無伯叔兄弟内外人等干碍，如有来歷不明，賣人一力支當，不涉會衆之事，所賣所買，此乃正行交易，並無逼抑準折之故，一賣千休，割藤断根，日後不得異言找價取贖等情，今欲有凴，立賣田契付與會衆永遠為據。

道光陸年正月貳拾玖日　立賣田契人　石日才

凴中　石勝才

石湖才

阙和生

石騰才

代筆　石月才

立找田契人石福松仝弟福州，今因迫給父故，日先與定光會衆闕天開、永煥、邱荣全等交易民田壹坵，坐落庙后安着，其田界額，計係正契載明，因缺喪迫用，自請愿〔原〕中相勸會内，找出契外銅錢肆千文正，其錢隨契两相交訖，不少個文，自找之後，任從會内等起耕改佃管業，賣人不得異言，割藤断根，其田四至界内不留，及樹木一概在内，如違，甘受叠騙之論，恐口难信，立找田契付與會内永遠為據。

道光拾陸年弍月拾肆日　立找田契人　石福松

福州

原中　石勝財

闕献奎

代筆　石月才

（契尾，道光拾柒年捌月）

立賣契人永豊今因錢粮無办自情愿父遺下分
與己分民田土名十八都安寧亭土名鷺墩坑述田壹坵
計額弍畝正親立文契立與兄基兄述為業三面断定時
值價銅錢弍拾肆千文正其錢當日收足其田任從兄述
推契管業收租完粮易佃耕種此係自己田業與內外
人等無涉日前並無重典當重賣文墨
弟述自能乃听當不干兄述之事日后
如倫原價取贖兄述不得執留此系二家心愿日后并無反
悔逼抑等情恐口難信故立賣契為據
道光陸年弍月初九日立賣契人永豊
胞兄 金亮
見中 光川
計繳原聯印契壹紙

立賣契人永豐，今因錢粮無办，自情愿将父遺下分
與己分民田，坐落十八都安寧亭，土名鵞墩坑边，田壹坵，
計額式畝正，親立文契，出與光基兄边為業，三面断定，時
值價銅錢式拾肆千文正，其錢當日收足，其田任從兄边
执契管業，收租完粮，易佃耕種，此係自己田業，與内外
□□□□□人等無涉，日前亦無典當重賣文墨
交加，□□□□弟边自能一力听當，不干兄边之事，日后
如備原價取贖，兄边不得执留，此出二家心愿，日后並無反
悔逼抑等情，恐口难信，故立賣契為據。

立賣契　永豐
胞兄　金亮
見中　光川
代筆　毛天福

道光陸年弍月初九日

計繳原聯印契壹纸。

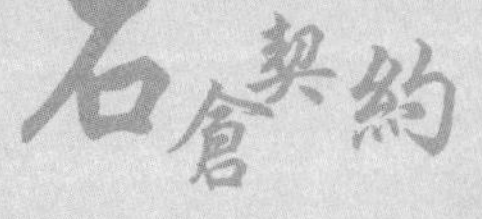

立賣山契人石日才仝弟等，今因錢粮無辦，自情愿将自手續置民山壹處，坐落本都庄芥菜源坑口，小土名趙後塆，山壹處，計額五分正，其山上至横路以買主山為界，下至田為界，左至汪家地隨悬直上以闕姓山分水為界，右至窩以買主山合水為界，今具四至載明，託中親立契，出賣與茶排闕天開叔公向前人受承買為業，當日憑中三面言断，時值山價銅錢伍仟壹伯文，其錢即日隨契兩相交兑足訖，不少個（文），其山此賣之後，山中松杉竹木仍從買主前去籙養砍伐管業，推收過户完粮，扦揷安穴，賣人兄弟子侄不得異言阻执，其山未賣日前，亦無重典文墨交加，其山乃係自手續置清楚產業，與上下内外房親伯叔兄弟人等並無干涉，如有来歷不明，賣人自己一力承當，不涉買主之事，其山所賣所買，乃係正行交易，並無準折債貨之故，其山自賣之後，割藤断根，永遠不得異言識認找價取贖等情，今欲有憑，立賣山契付與買主永遠管業為據。

道光六年拾弍月拾四日　立賣山契人　石日才

仝場弟　石月才

明才

憑中人　闕天進

石有福

闕献奎

親筆字

（契尾，道光捌年捌月）

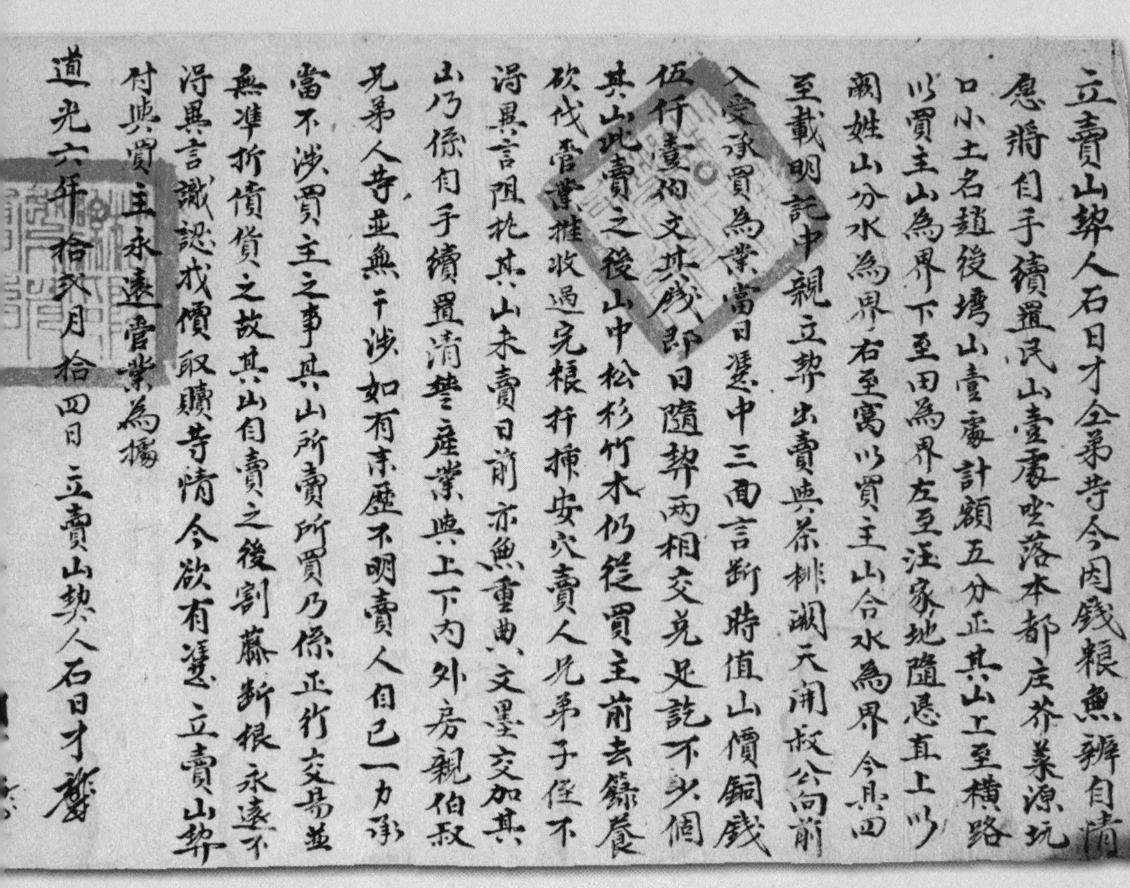

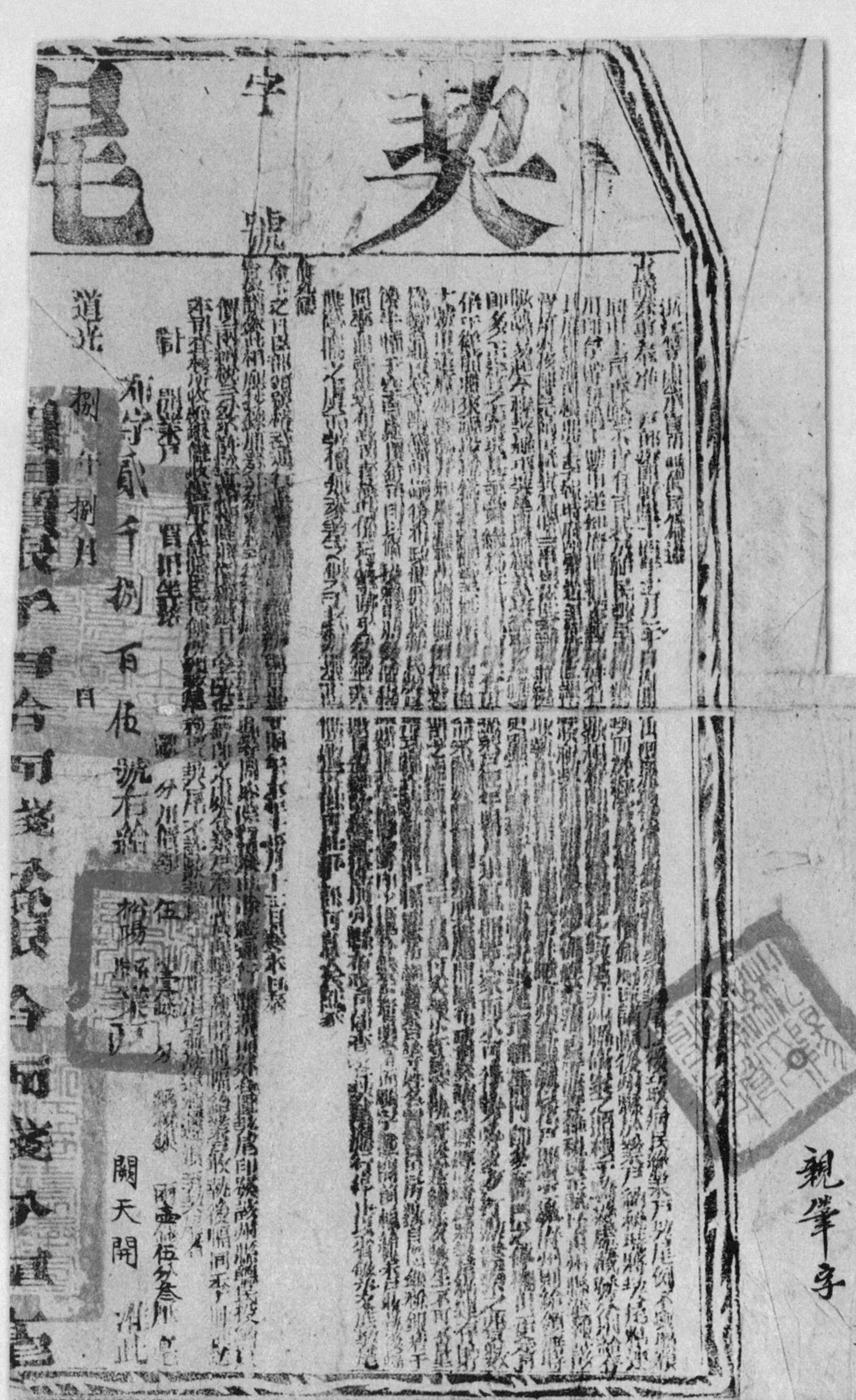

契尾

字　號

道光捌年捌月　日

闕天開

憑中人　闕天進
石有福
闕猷奎
親筆字

立賣田契人闕有光今因錢粮無办自情愿將祖父遺下民田乙處土名坐落廿一都石倉源后宅庄田土名大畈安著其田上至有泉田下至有奇田左至有泉田及塆右至天開田為界大小陸坵計額弍畝正已分田頭地墈盡處不留托中立契出賣與本家叔闕天錫边入手承買為業即日憑中踹明三面言斷時值田價銅錢陸拾千文正其錢即日随契收足不少分文其田自賣之後任憑買主推收過户起耕完粮収租管業此係己分之業與内外兄弟子侄人等無涉日先亦無重典若有來歷不明賣人一力承當不干買主之事契明價足永無找贖此出兩相情愿並無準折債負等情恐口無憑立賣田契永遠為照

道光柒年弍月初六日立賣田契人闕有光（押）

在塲弟　有泉（押）

憑中　闕有奇（押）　闕明寿（押）　明福（押）　葉顯章（押）　闕德㨗（押）

代筆　葉梧山（押）

行

立杜找田契人闕有光日前原與本家叔闕天錫边交易民田乙處土名坐落廿一都石倉源后宅庄大畈安著其田界額坵數前契載明今因口食無措托原中向買主找出契外銅錢拾陸千文正其錢即日收足不少分文其田自找之後契明價足永断割藤再無言找言贖悔悔誠認等情恐口無憑立杜找契永遠為照

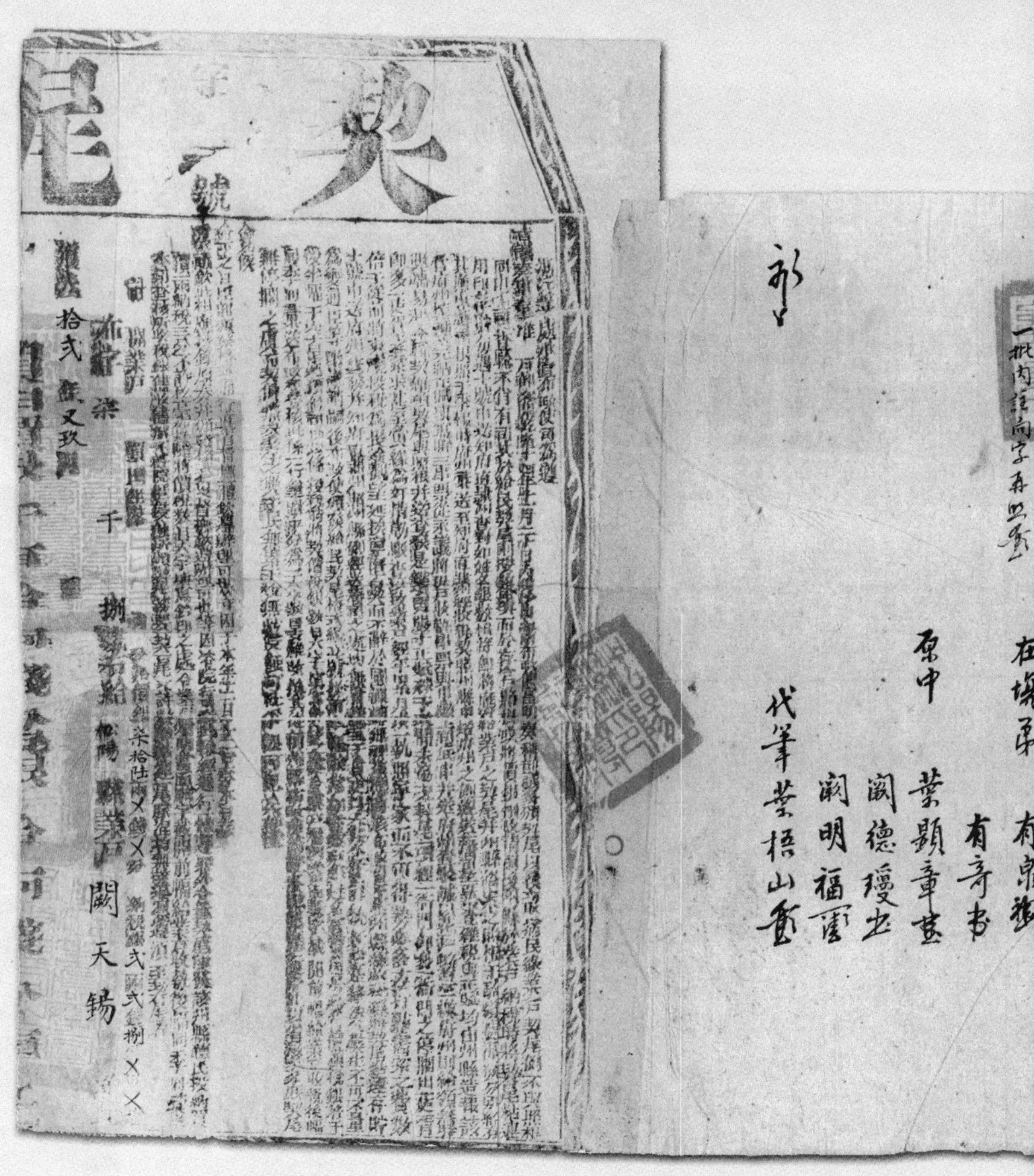

拾弍年又玖

柒　千　捌

松陽縣業户　闕天錫

在塲房　有泉押

有奇书

原中　葉顯章押

闕德瓊押

闕明福押

代筆　葉梧山押

（前頁）>>>>>

立賣田契人闞有光，今因錢粮無办，自情愿將祖父遺下民田一處，土名坐落廿一都石倉源后宅庄，田土名大畈，安着其田，上至有泉田，下至有奇田，左至有泉田及塝，右至天開田為界，大小陸坵，計額式畝正，己分田頭地角，盡處不留，托中立契，出賣與本家叔闞天錫边入手承買為業，即日凴中踏明，三面言断，時值田價銅錢陸拾千文正，其錢即日随契收足，不少分文，其田自賣之後，任凴買主推收過户，起耕完粮，收租管業，此係己分之業，與内外兄弟子侄人等無涉，日先亦無重典，若有來歷不明，賣人一力承當，不干買主之事，契明價足，永無找贖，此出两相情愿，並無準折債負等情，恐口無凴，立賣田契永遠為據。

道光柒年弍月初六日　立賣田契人　闞有光

在場弟　有泉

有奇

凴中　闞明寿

明福

葉顕章

闞德瓊

代筆　葉梧山

立杜找田契人闕有光，日前原與本家叔闕天錫边交易民田一處，土名坐落廿一都石倉源后宅庄大畈，安着其田，界額坵数，前契載明，今因口食無措，托原中向買主找出契外銅錢拾陆千文正，其錢即日收足，不少分文，其田自找之後，契明價足，永断割藤，再無言找言贖，反悔識認等情，恐口無凴，立杜找契永遠為據。

道光七年三月廿六日　立杜找田契人　闕有光

在場弟　有泉

有奇

原中　葉顯章

闕德瓊

闕明福

代筆　葉梧山

一批内註向字再照。

（契尾，道光拾弍年又玖月）

立賣田契人張祖瓊今因錢粮無办自情愿将祖父遺下閣内民田
坐落雲邑九都羊村庄小土名茶子窩安着民田壹處上至茶子山下
至買主田左右茶子山為界今俱四至分明計顏叁分正托中立契出賣
與闕天開入受承買為業當日凭中面斷田價銅錢壹拾伍千文正其錢即
日隨契兩相交訖明白不少分文委係正行交易不是准折債貨其田自
賣之後任凭買主推收過户起耕改佃完粮收租管業原係自己清楚物
業與房親伯叔兄弟人等並無争执倘有上手来歷不明賣人一力支當不
涉買主之事愿賣愿買二比心愿並無逼抑等情今欲有憑故立賣田契
付與闕邊永遠為據

道光八年十一月十六日立賣田契人張祖瓊（押）

見中 叔 羊牧（押）
兄 能興（押）
邱永學（押）
雷藍養（押）

代筆 張石元（押）

立找田契人張祖瓊日先原與闕天開邊交易民田壹契坐落雲
邑九都羊村庄小土名茶子窩安着水田壹處畝分界至原有正契載明
所有荒壟樹木俱已在内今請托原中相勸業主找過契外錢壹千伍伯文
正其錢即收清足訖不少個文其田自找之後割藤斷根一找千休張庭

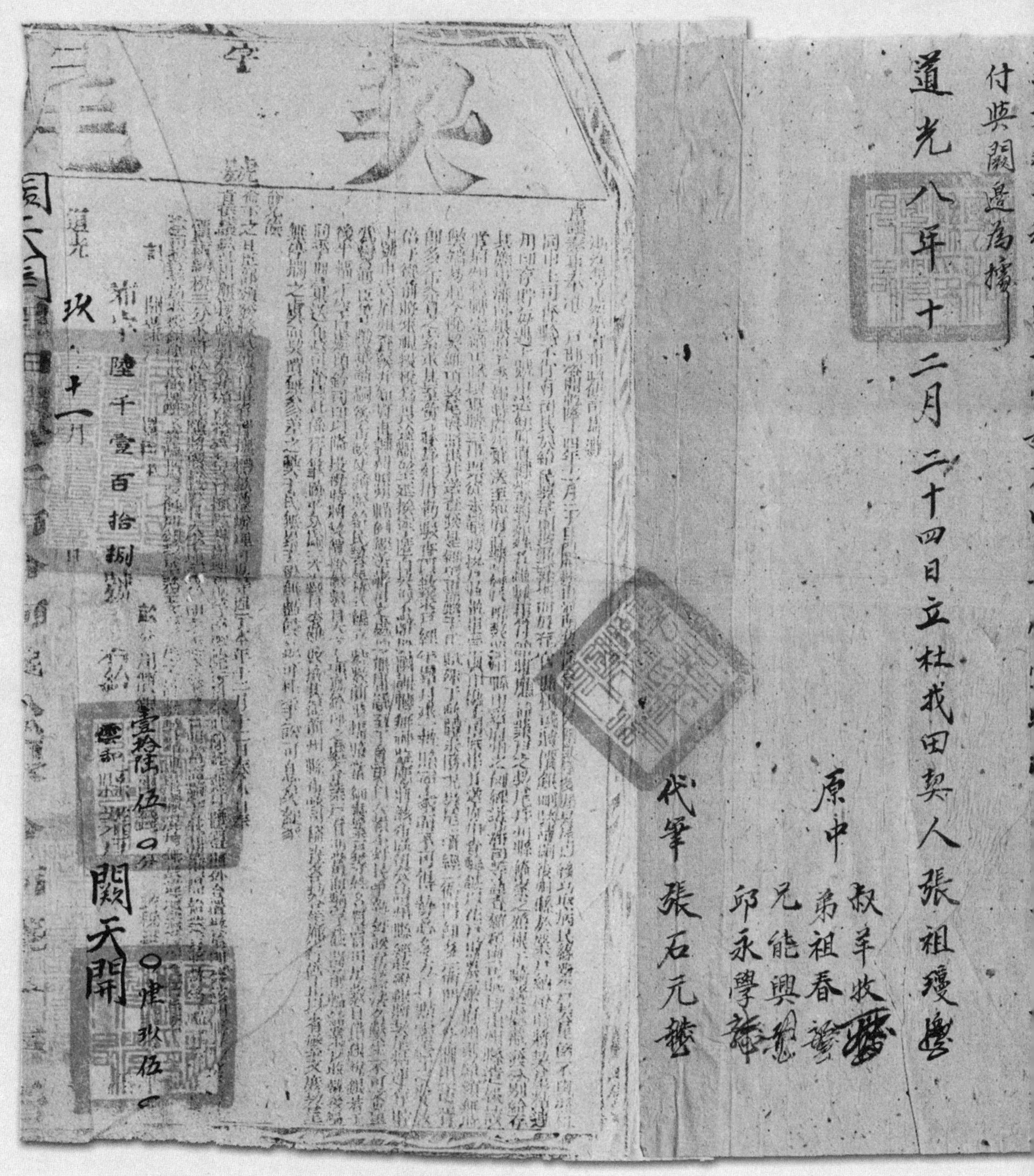

付與闕邊爲據

道光八年十二月二十四日立杜找田契人張祖瓊

原中　叔華牧
弟祖春
兄能興
邱永學

代筆　張石元

道光玖年十一月

壹拾陸伍〇分

闕天開　〇肆玖伍

陸千壹百拾捌

（前頁）>>>>>

立賣田契人張祖瓊，今因錢粮無办，自情愿將祖父遺下閫内民田，坐落雲邑九都羊村庄，小土名茶子窝，安着民田壹处，上至茶子山，下至買主田，左右茶子山為界，今俱四至分明，計額叁分正，托中立契，出賣與闕天開入受承買為業，當日凴中面断，田價銅錢壹拾伍千文正，其錢即日隨契两相交訖明白，不少分文，委係正行交易，不是準折債負，其田自賣之後，任凴買主推收過户，起耕改佃，完粮收租管業，原係自己清楚物業，與房親伯叔兄弟人等並無争执，倘有上手来歷不明，賣人一力支當，不涉買主之事，愿賣愿買，二比心愿，並無逼抑等情，今欲有憑，故立賣田契付與闕邊永遠為據。

道光八年十一月十六日　立賣田契人　張祖瓊

見中叔　羊牧

兄　能興

邱永學

雷藍養

代筆　張石元

立杜找田契人張祖瓊，日先原與闕天開邊交易民田壹契，坐落雲邑九都羊村庄，小土名茶子窝，安着水田壹處，畝分界至，原有正契載明，所有荒壂樹木俱已在内，今請托原中相勸業主找過契外錢壹千伍伯文正，其錢即收清足訖，不少個文，其田自找之後，割藤断根，一找千休，張边永不得言称找贖等情，如有此色，甘受叠騙（之論），恐口难凴，故立杜找田契付與闕邊為據。

道光八年十二月二十四日　立杜找田契人　張祖瓊

原中叔　羊牧

弟　祖春

兄　能興

邱永學

代筆　張石元

（契尾，道光玖年十一月）

立借票闕金魁、財魁，今因母故，缺少喪費，自情愿问到本家叔祖闕天閑借過銅錢柒千伍伯文正，其錢利照依鄉例起息，並不敢欠少，恐口难信，立借票為照。

道光七年三月廿四日　立借票　闕金魁

財魁

在見　闕天進

闕来魁

林炳琳

代筆　闕光奎

立當杉木字人張石元，今因無錢使用，自愿将自置杉木壹處，坐落松邑廿一都大嶺后庄，小土名松樹崗坳田坪面上，杉树壹窩，上至山為界，下至大路为界，左右山为界，今俱四至分明，立字出當與闕天閈親邊，當出錢本肆千文，其錢面訂每千每年加弍起息，的至杉木出拚之日，其錢并本利一足算還，不敢欠少個文，恐口难信，故立當杉木字为照。

道光九年六月廿日　立當杉木字人　張石元

在見　丁光雲

的筆

立賣田契人劉元壽，今因錢粮無办，自情愿将祖父遺下民田，坐落二十都大陰庄，小土名烏林坑箭竹下，田伍坵，又石壁塢口對门，田壹坵，弍處共田陸坵正，計額粮叁分正，託中立契，出賣與永琳侄邊為業，當日凴中三面言定，時值田價銅錢壹拾仟文正，其錢即日两相交足，其田任從侄邊执契過户，完粮管業，收租耕作，其田日先並無典當他人財物，委係自己物業，與内外人等無涉，倘有上首来歷不明，賣人一力承當，不涉侄邊之事，一買一賣，两相情愿，並無逼勒等情，恐口無凴，故立賣契為據。

道光玖年捌月十九日　立賣契人　劉元壽

凴中叔　盛琳

潘文旺

代筆　范日荣

立找契人劉元壽，原因日前與永琳侄邊交易民田，坐落廿都大陰庄，小土名烏林坑，共田式處，坵段訨額，俱亦原契載明，思得日前時價未足，請託原中向業主永琳边找過契外銅錢貳千文正，其錢即日原中交足，其田自找之後，契明價足，無找無贖，割藤截根，日後永無言找言贖，亦無另生事，恐後無憑，故立找契永遠再［爲］據。

道光玖年十二月十九日　立找契人　刘元壽

原中叔　盛琳

潘文旺

代筆　范日荣

立賣契人丁（永豐，）□□□□将父手遺下民田，

土名坐落安□□□□□□□□貳畝正，托中立契，

出賣與闕□□□□□□□□□時值價銅錢捌

拾仟文正，其□□□□□□□與闕边過户完粮

易佃耕種收□□□□□□□與内外伯叔兄弟無

涉，日前亦無□□□□□□□色，丁邊自能支

聽，不干闕□□□□□□□□□悔逼抑等情

恐口無凴，□□□□□□□。

道光九年九月□□□□□□□　丁永豐

兄　丁永忠

丁闬禎

丁桂松

丁炳炎

闕登壽

代筆　丁桂松

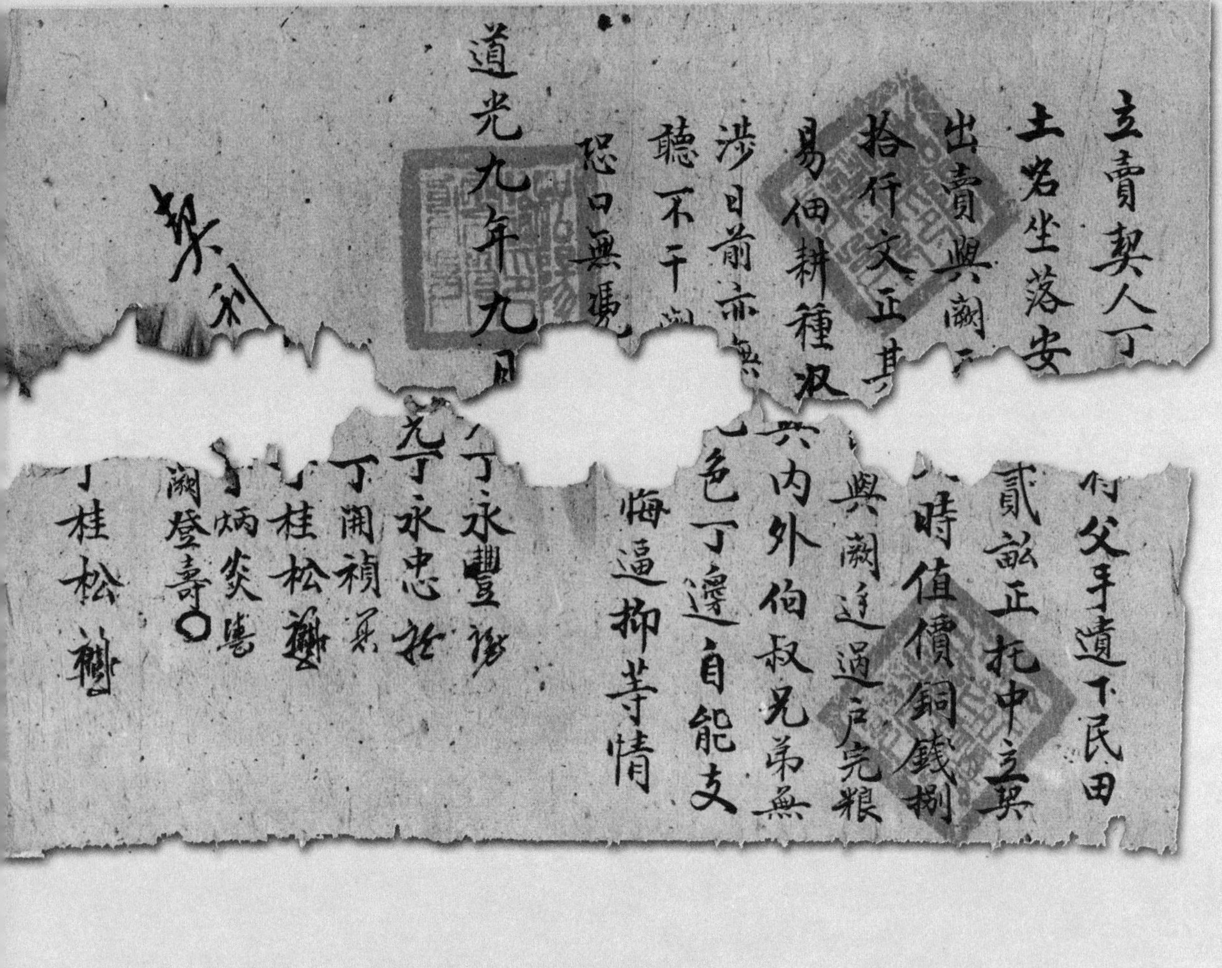

□□□契人丁永豐，日先原與闕天開姐丈邊交易民□□□
□□紙本已契明價足，其土名坵額，前契俱已載清，今□□□
□□□情愿托中向闕天開姐丈邊勸找過契外銅錢捌千□□□□
□□□日收足，其田任憑闕邊永遠執契管業，丁边並無□□□
□□□找言贖之理，永絕割断，此出两家心愿，並無反悔，恐口□□
□□□杜找契為據。

道光九年十二月十九日　立杜找契　丁永豐

見找胞兄　丁永忠

丁閈禎

丁炳炎

闕登壽

代筆　丁桂松

立賣契人阙從基今因錢粮無办自情愿將已分自置民田土名坐落
十九都水南庄橋頭嶺高田田壹坵計額叁畝正將叁畝中下田壹畝親立文契
出賣與阙天開兄边為業三面斷出時值價錢伍拾伍元正其洋元當日收
足其田自賣之後任凭阙边执契管業过戶完粮收租另佃耕種日先并無典當重賣文
墨交加如有此色自己一力承当不干阙边之事所係自己物業与内外伯叔兄弟子侄
人等無涉日後不敢再行言找言贖之理永絶割断恐口難信故立賣契為據

道光玖年十二月二十日

立賣契人阙從基〇
嫡叔元娣〇
長文〇
高俊〇
阙登壽〇
廷學〇
永年〇

代筆阙高華

立找契人阙從基今因口很不給自情愿向與阙天開兄边找过契外洋銀伍元正
其田日先交易民田壹契土名坐落十九都水南庄橋頭嶺高田田壹坵計額壹畝正其洋
銀當日收足其田自找之後割藤断根再不敢言找言贖恐口難信故立找契為據

道光玖年十二月念捌日

立找契人阙從基〇

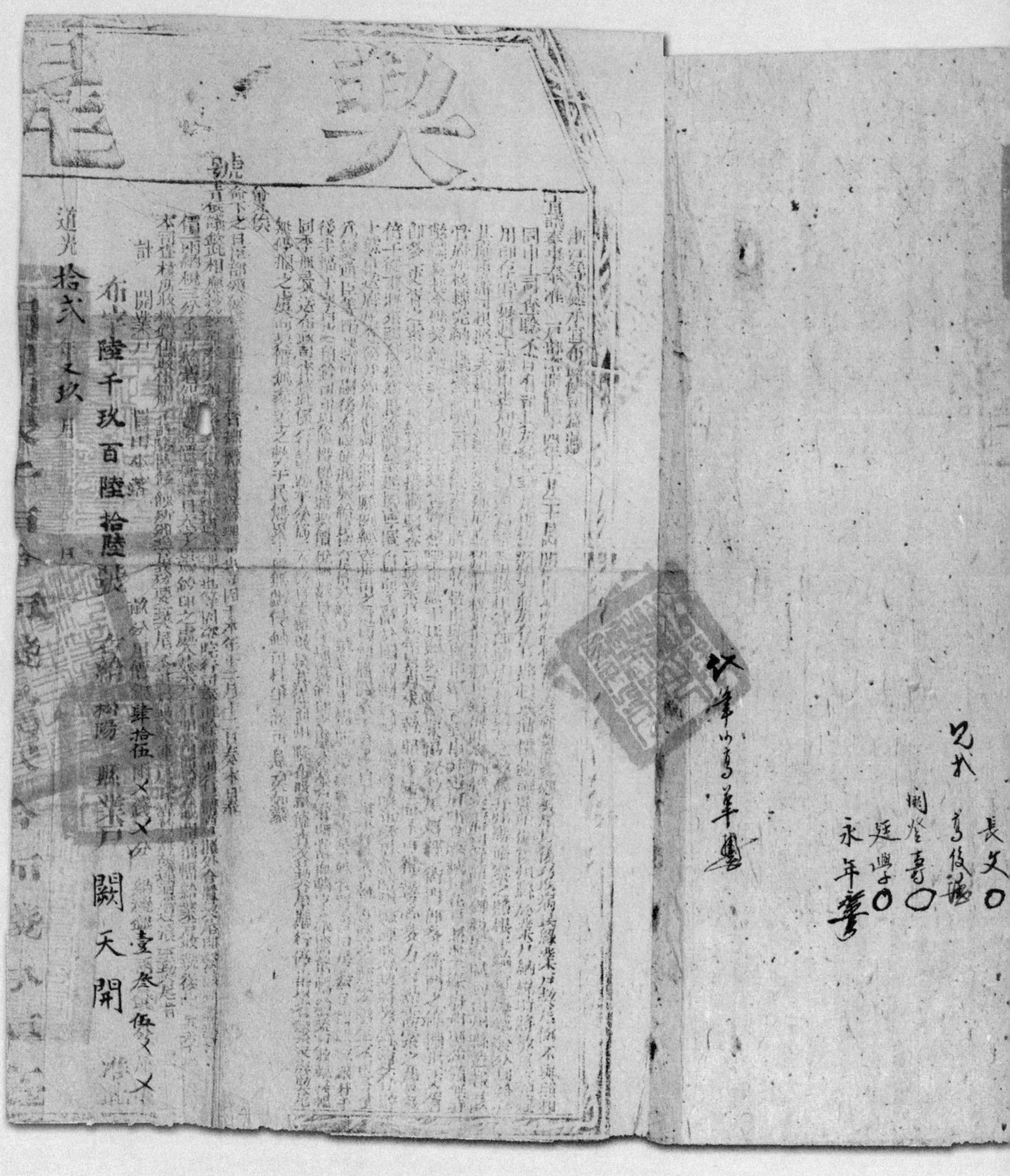
布字陸千玖百陸拾陸號

業戶　闕天開

道光拾弍年玖月　日

見外　長文○　葉俊振　闕登壽○　廷學○　永年

代筆　葉華鑾

（前頁）>>>>>

立賣契人沙砿基，今因錢粮無办，自情愿将己分自置民田，土名坐落十九都水南庄橋頭嶺高田，田壹坵，计额式畆正，将式畆中下边壹畆，親立文契，出賣与阙天閅兄边為業，三面断定，時值價錢洋錢肆拾伍元正，其洋元当日收足，其田自賣之後，任凴阙边执契管業，过户完粮，收租易佃耕種，日先并無典当重賣，文墨交加，如有此色，自己一力承当，不干阙边之事，此係自己物業，與内外伯叔兄弟子侄人等無涉，日後不敢再行言找言贖之理，永绝割断，恐口难信，故立賣契為據。

道光玖年十二月二十日　立賣契人　沙砿基

嫡叔　元瑞

長文

高俊

阙登壽

廷學

永年

代筆　沙高華

立找契人沙砿基，今因口食不給，自情愿向与闕天開兄边找过契外洋銀伍元正，原因日先交易民田壹契，土名坐落十九都水南庄橋頭嶺高田，田壹坵，计額壹畆正，其洋銀当日收足，其田自找之後，割藤断根，再不敢言找言贖，恐口难信，故立找契為據。

道光玖年十二月念捌日　立找契人　沙砿基

嫡叔　元瑞

見找　長文

高俊

闕登壽

廷學

永年

代筆　沙高華

（契尾，道光拾弍年又玖月）

立賣田契人朱仁佐今因戲粮無办自情愿将祖父遺下民田壹處坐落松邑念壹都倉源頭庄小土名細塆子田大小共捌横正上至李姓田下至蔡姓田左至林姓田右至坑為界又壹處大路下田大小叁横叁坵正上至大路下至林姓田左至林姓田右至崩蓬岺為界計額粮壹畝正今俱四至分明托中立契出賣與闕輸恩親邊承買為業即日當中面斷時值田價錢伍拾仟文正其錢隨契當中交足不短分文其田自賣之后任從買主推收過户起耕收租完粮管業此係自己物業日先並未曲當重賣交墨交加與內外伯叔兄弟子侄人等亦毋半點干碍尽處不留此出兩相甘愿也無逼抑債貨之故恐口無憑故立賣契付與闕边永遠為據

道光拾年十一月初十日立賣田契人朱仁佐○

杜寶（押）

原中 石富（押）

栢富（押）

金富○

闕天進（押）

代筆 潘英才（押）

倉（押）

立杜找田契人朱仁佐日先與闕輸恩兄弟边交易民田壹契坐落松邑廿都倉源頭庄小土名細塆子界至坵堘粮額既係前契載明今因缺錢使用自情愿再托原中向到闕边業主勸找出契外銅錢壹拾叁千文正其錢當中交足

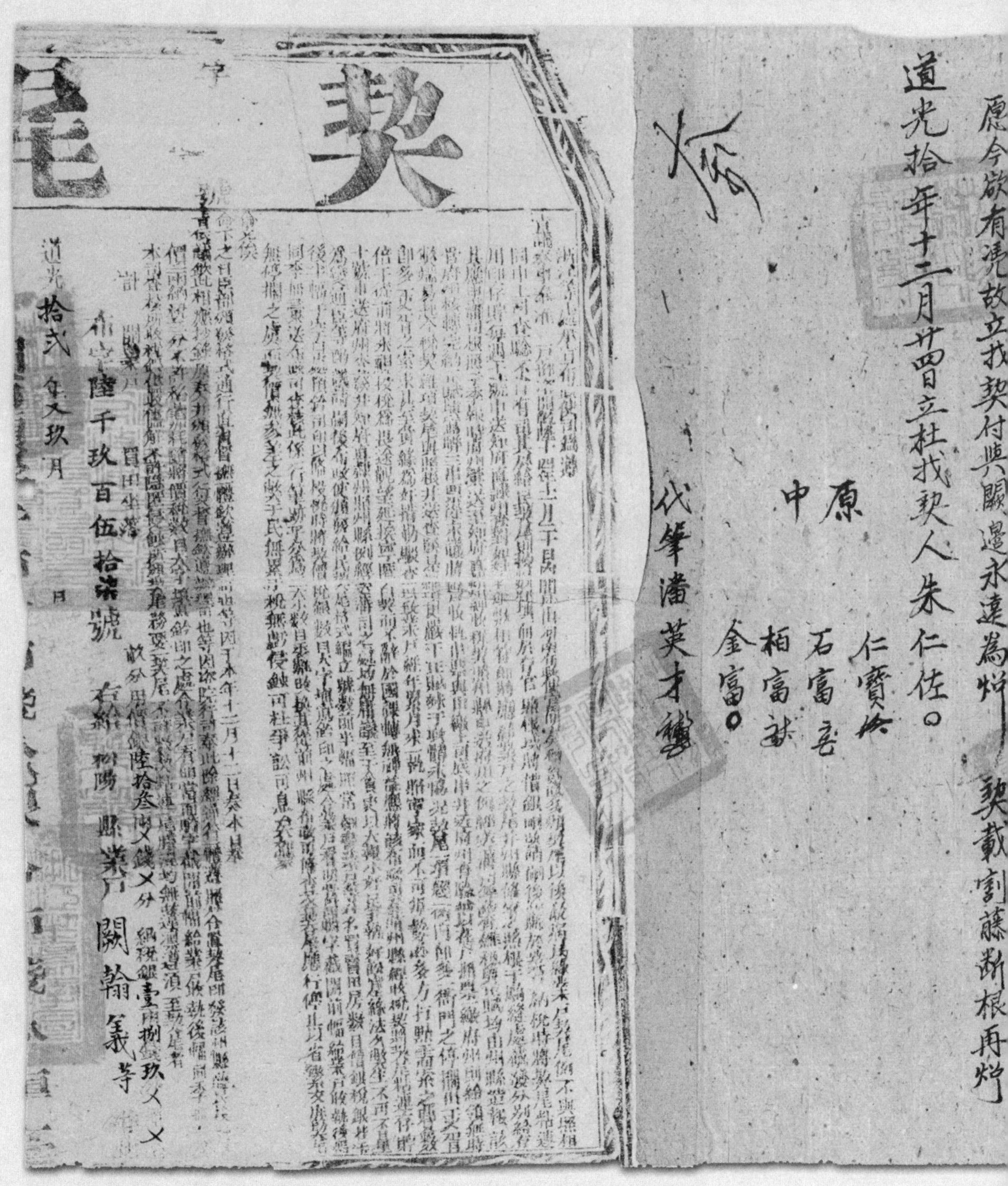
愿今欲有凭，故立找契付與闕邊永遠為炤。契載割藤斷根再炤。
道光拾年十二月廿四日立杜找契人　朱仁佐○
原　仁寶
中　石富
栢富
金富○
代筆　潘英才

契尾
布字陸千玖百伍拾柒號
業戶闕翰義等
道光拾弍年　月　日

（前頁）>>>>>

立賣田契人朱仁佐，今因錢粮無办，自情愿将祖父遺下民田壹處，坐落松邑念壹都倉源頭庄小土名细塝子，田大小共捌横正，上至李姓田，下至蔡姓田，左至林姓田，右至坑為界，又壹處大路下田，大小叁横，叁坵正，上至大路，下至林姓田，左至林姓田，右至崩蓬岭为界，計額粮壹畆正，今俱四至分明，托中立契，出賣與闕翰義、恩親邊承買為業，即日當中面斷，時值田價錢伍拾仟文正，其錢隨契當中交足，不短分文，其田自賣之后，任從買主推收過户起耕收租，完粮管業，此係自己物業，日先並未典當重賣，文墨交加，與内外伯叔兄弟子侄人等亦毋半點干碍，尽處不留，此出兩相甘愿也，無逼抑債貨之故，恐口無凴，故立賣契付與闕边永遠為據。

道光拾年十一月初十日　立賣田契人　朱仁佐

原中　仁賨

石富

栢富

金富

闕天進

代筆　潘英才

立杜找田契人朱仁佐，日先與闕翰義、恩兄弟边交易民田壹契，坐落松邑廿一都倉源頭庄，小土名细塆子，界至坵段粮額，既係前契載明，今因缺錢使用，自情愿再托原中向到闕边業主，勸找出契外銅錢壹拾叁千文正，其錢當中交足，不少個文，其田自找之后，任從買主清楚管業，一賣一找，乃係正行，此出两家心愿，今欲有憑，故立找契付與闕邊永遠為照。

契載割藤断根，再照。

道光拾年十二月廿四日　立杜找契人　朱仁佐

原中　仁寶

石富

栢富

金富

代筆　潘英才

（契尾，道光拾弍年又玖月）

立賣蔴地字人闕德瓊，今因無錢吉［急］用，自情愿将己手置蔴地壹塊，坐落土名水口石桥頭饒姓屋门首安着，内至屋门口石坳为界，外至大路为界，上至買主蔴地为界，下至饒姓出入门路为界，計額壹分正，今俱四至分明，託中立契，出賣与本家天開叔边入手承買為業，當日凴中三面言断，定時值蔴地價銅錢伍千文正，其錢即日隨契兩家交讫，不欠個文，自賣之日，任凴買主前去跟［耕］種收租管業，賣人不敢异言執留，如有来歷不明，賣人一力承當，不干買主之事，此出兩家心愿，並無逼抑等情，賣人不得識認取贖之理，如違，甘受叠騙之論，今恐口難信，故立賣蔴地契付与買主子孫永遠管業為據。

道光拾年十弍月初六日　　立賣蔴地人　闕德瓊

凴中叔　天進

代筆　闕献奎

（契尾，道光拾弍年又玖月）

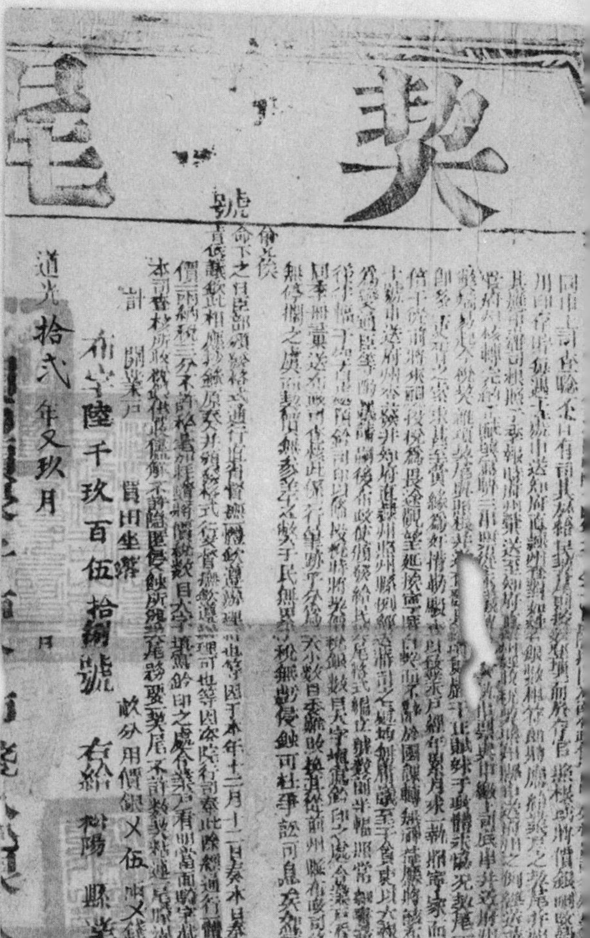

立讨蔴地劄人闕德瓊，今因無地耕種，蔴地壹塊，坐落土名水口饒姓屋门首安着，托中讨前来耕種蔴出息，当日面言，每年春季頭水蔴玖觔正，其蔴送交地主家過秤，不敢拖欠觔兩，如違，其地任從地主另佃改耕，讨边不得霸阻［租］异言，今恐口難信，故立讨劄为照。

道光拾年十二月初八日　立讨地劄人　德瓊

在見叔　天進

代筆　献奎

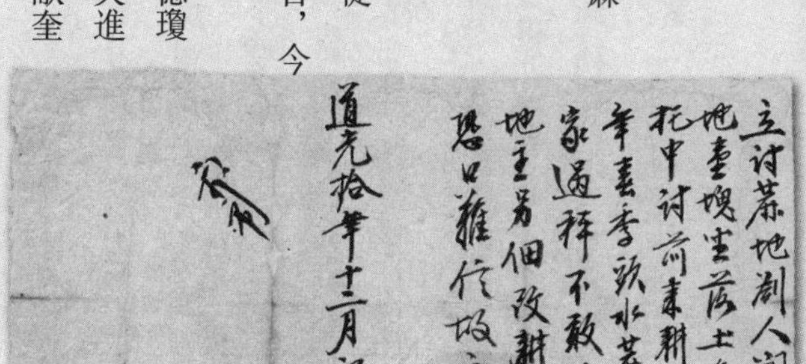

立賣田契人闕翰惟仝弟等今因缺銅錢應用自愿將父手民田坐落念壹都茶排庄地土名桐坑小土名下坑子安着民田兩横計田大小叁坵其田上至山为界下至闕德毽田為界左至坑為界右至德毽田為界今俱四至分明計額貳分正愿托中立契出賣與本家天開叔公入手承買為業當日憑中三面言斷定時值田價銅錢壹拾壹仟文正其錢即日隨契兩家交兑足訖不欠個文自賣之日任憑買主推收過户完粮易佃耕種收租管業原係父手清業產業與內外房親伯叔兄弟子侄等無干未賣之先並無典當文墨交加若有來歷不明賣人一力承當不涉買主之事其田四至界內荒坪地角等處不留寸土並及栩村雜木等俱概在內任憑買主修整開墾耕作管業賣人等永不敢異言取贖識認找價割藤斬截如違甘受疊騙之論恐口難信故立賣田契一紙付與買主子孫永遠耕種收租管業為據

道光拾年十弍月拾叁日　立賣田契人　闕翰惟○

仝胞弟　翰亮○

憑中叔公　闕天進

代筆　潮獻奎

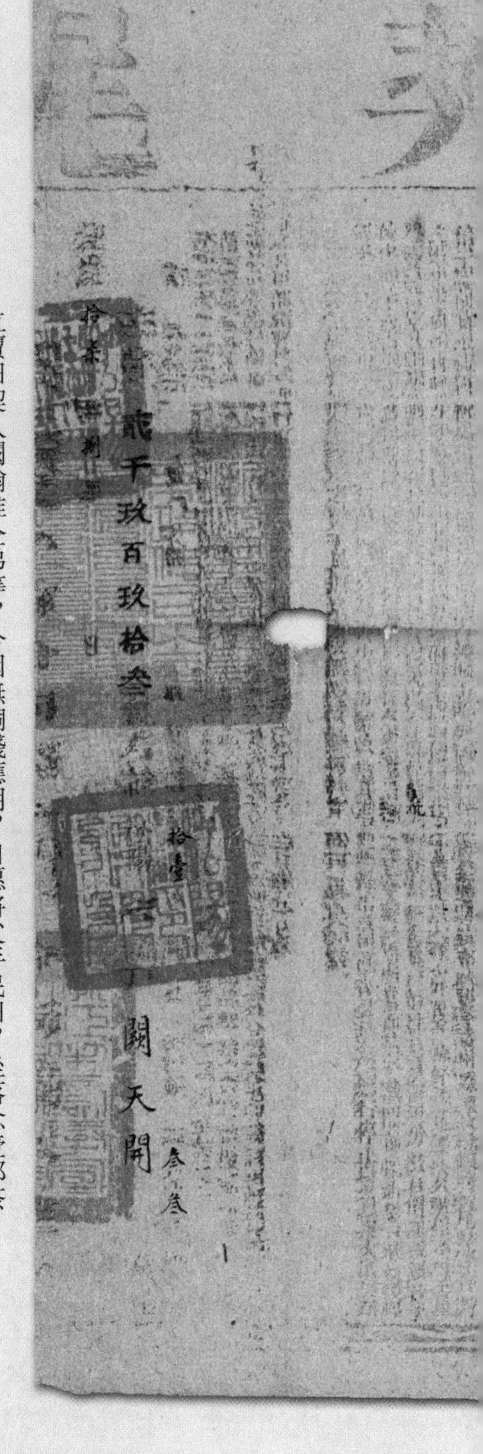

立賣田契人闕翰惟仝弟等，今因無銅錢應用，自愿将父手民田，坐落念壹都茶排庄，總土名桐坑，小土名下坑子，安着民田两横，計田大小叁坵，其田上至山为界，下至闕德璉田為界，左至坑為界，右至德璉田為界，今俱四至分明，計額貳分正，愿托中立契，出賣與本家天開叔公入手承買為業，當日凴中三面言断，定時值田價銅錢壹拾壹仟文正，其錢即日隨契两家交兑足訖，不欠個文，自賣之日，任從買主推收過户完粮，易佃耕種，收租管業，原係父手清楚產業，與内外房親伯叔兄弟子姪等無干，未賣日先，並無典當文墨交加，若有來歷不明，賣人一力承當，不涉買主之事，其田四至界内，荒坪地角等處不留寸土，並及柏樹雜木等俱概在内，任凴買主修整闢北〔辟〕耕作管業，賣人永不敢異言取贖識認找價，割藤断截，如違，甘受叠騙之論，恐口難信，故立賣田契交与買主子孫永遠耕種收租管業為據。

道光拾年十弍月拾叁日　立賣田契人　闕翰惟

仝胞弟　翰亮

凴中叔公　闕天進

代筆　阙献奎

（契尾，道光拾柒年捌月）

立断找店屋基地契人林顺琳，原因日前父手遺下與闕天開叔公交易，坐落廿壹都夫人廟庄，土名下宅街内向，安着店屋壹所，其基地店屋俱概前正契載明界址，今因年歲荒歉無措，自情愿请託原中向到買主天開叔公勸說，再找出基地屋價銅錢拾陆仟文正，其錢即日两相交兑足讫，不欠個文，自找之日，任憑買主招租修整，架造管業，此找之后，割藤断根，賣人不敢言称找贖識認等情，如違，甘受叠騙之論，今恐口難信，故立杜断契付與買主子孫永遠招租管業為據。

道光十年十弍月十九日　立找断契人　林順琳

仝胞弟　永琳

在見堂兄　炳琳

東琳

憑中　闕和生

郭茂榮

石日才

闕天進

代筆　闕献奎

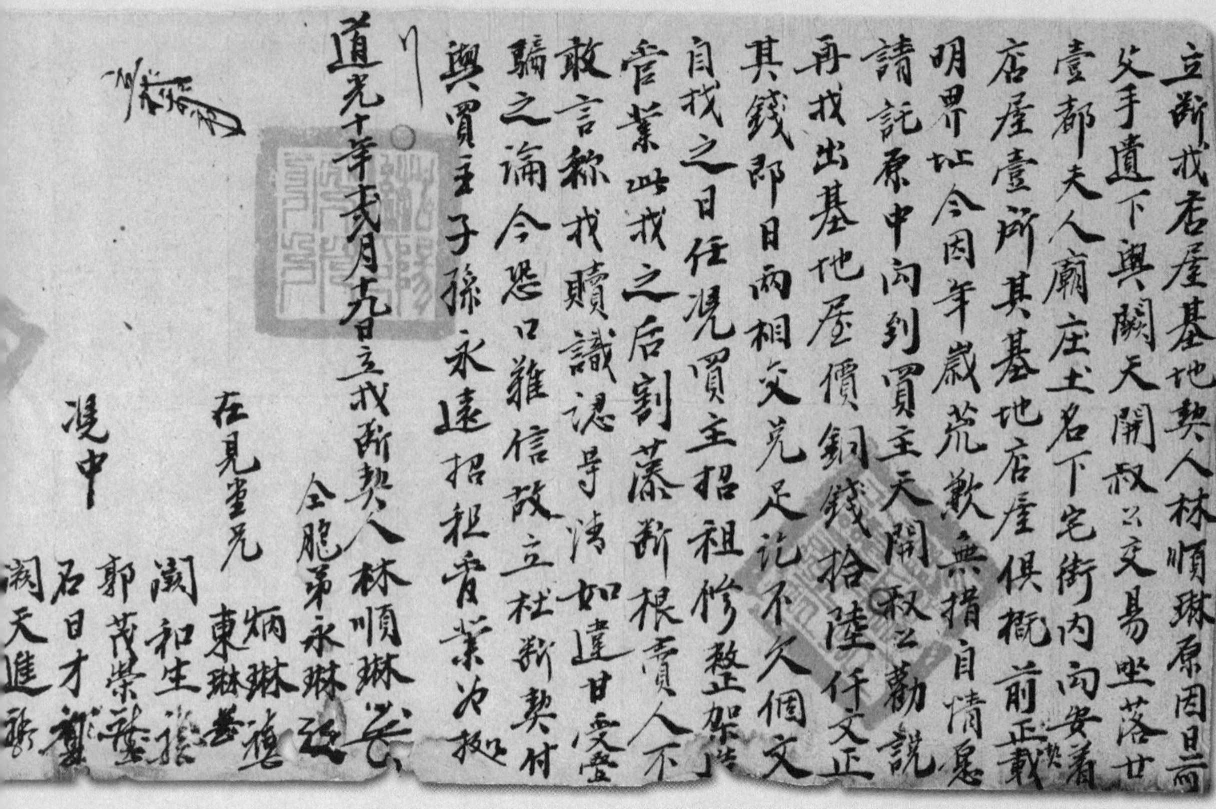

立當田字人闕天錫，今因生意缺本，愿将自置民田，坐落廿一都后宅庄，小土名洋坳頭，田壹處，又土名陳路后，田壹處，又土名大畈段，田壹處，共田叁處，計額伍畝，計租拾弍担正，托中立字，出當與本家闕天鬧兄邊，當出洋銀壹伯陆拾元正，其洋即日（收）足，其息面断，長年交纳利洋弍拾元，其本洋的至下年冬成併一足送还，不得欠少，如有欠少，任凴兄邊起耕管業，當人無得異言，恐口难信，立當田字為據。

道光拾壹年弍月十六日　立當田字人　闕天錫

在塲弟　天耀

見中　陳光欲

闕有光

親筆

立杜找店屋契人林東琳仝弟元琳新琳等原因日先父手遺下與茶排
庄闕天開叔邊交易民店屋壹契坐落念壹都夫人廟庄土名下宅
街坐東向西安着其店界至前有正契載明今因年歲荒歉口食不
給自愿請託原中向到買主天開叔邊勸說再找出契外銅錢貳拾
弍仟文正其錢即日隨找契兩家交兑足訖不少分文自找之日契明價
足心意滿足其屋上瓦桷下基地门户聰楯板壁柱石磉石一概在内任
从買主改造新基修整居住招租賣業賣人等永不得言称找價
割藤斷根不敢識認等情如違甘受叠騙之論今恐口難信故立杜
找店屋契付与買主子孫永遠管業為據

道光拾壹年六月初四日立杜找店屋契人　林東琳（押）

仝胞弟　元琳（押）　新琳（押）

在見堂弟盛琳（押）

房兄　炳琳（押）

原中　石有福（押）　闕和生（押）　闕天進（押）　石新元（押）

代筆　闕猷奎（押）

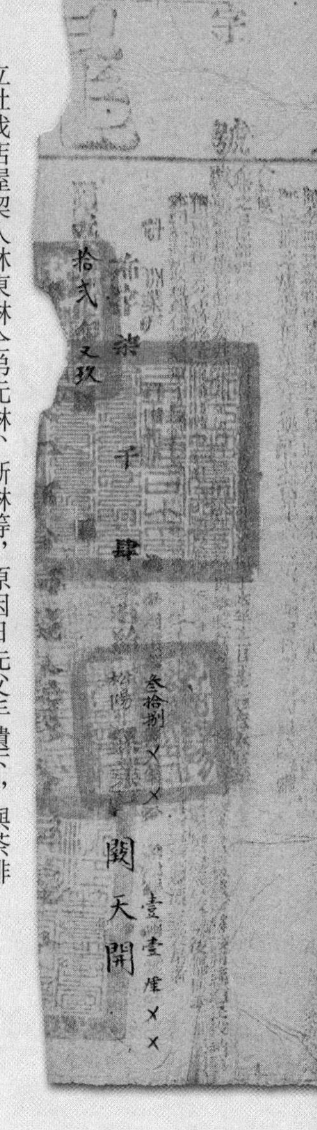

立杜找店屋契人林東琳仝弟元琳、新琳等，原因日先父手遺下，與茶排庄闞天開叔邊交易民店屋壹契，坐落念壹都夫人廟庄，土名下宅街，坐東向西安着，其店界至，前有正契載明，今因年歲荒歉，口食不給，自愿請託原中向到買主天開叔边，勸説再找出契外銅錢貳拾弍仟文正，其錢即日隨找契两家交兑足訖，不少分文，自找之日，契明價足，心意滿足，其屋上瓦桷下基地，门户、聰［窗］、扇、板壁、柱石、磉石一概在内，任從買主改造新基，修整居住，招租管業，賣人等永不得言称找價，割藤断根，不敢識認等情，如違，甘受叠騙之論，今恐口難信，故立杜找店屋契付与買主子孫永遠管業為據。

道光拾壹年六月初四日　立杜找店屋契人　林東琳

仝胞弟　元琳

新琳

在見堂弟　盛琳

房兄　炳琳

原中　石有福

闞和生

闞天進

石新元

代筆　闞献奎

（契尾，道光拾弍年又玖月）

立當西山岡二坑字人闕長慶，今因無錢吉［急］用，自情愿将父手置民坑扎半條，讬中将粗嫩扎塲立字出当与本族天閈叔祖手内，當過銅錢本伍千文正，其錢利三面言定，每千每年行利加式起息，其錢併本利的至来年等［對］期一足送還，不得欠少分文，如違，其坑扎任淝叔祖边出包，当人不得异言阻留，今恐口難信，故立當坑扎為據。

一批日前缴有印契一纸，當錢伍拾千文正。

道光十一年十弍月廿四日　立當坑扎字人　長慶

在見人　闕天進

郭茂榮

代筆　闕献奎

立讨菜地劄人葉國應，今来討到闕天
開叔公邊名下菜地，坐落廿都横水口庄辛
元住屋门口石墈下，菜地壹横，討来耕種，
當日面定，每年充納地租頭麻肆斤正，
其租的至五月麻出交清，不得少欠两錢，
恐口难信，故立讨劄為據。

道光拾弍年正月廿三日　立讨劄人　葉國應

在見　吳天生

代筆　葉唐卿

立討麻地劄人葉國應，今因無蔴地耕種，自愿立劄討到茶排闕天有、闲伯公名下麻地，坐落廿都横水口庄大路面，麻地壹塊，並及柏茶、棕桐、竹頭，一應在內，討來耕種籙养，當日面断，每年充納頭麻地租共弍拾弍斤，如有拖欠麻租不清，其種麻地另佃他人，葉邊不得婪種，此出二家情愿，並無逼抑等情，恐口难信，故立讨劄為據。

道光拾弍年正月廿三日　立讨劄人　葉國應

在見劄　吳天生

代筆　葉唐卿

立賣田契人周增潤，今因錢粮無办，自情愿將自己分下民田壹處，土名坐落二十都白峰坌脚，水田壹坵正，計額粮壹分正，計租伍桶正，其田上至增萬田為（界），下至圳路石岩路為界，內至山脚，外至茶園為界，今俱四至分明，親立文契出賣，托中送與廿一都茶排庄闕天開兄邊入手承買為業，當日三面言断，時值田價銅錢拾伍千文正，其錢即日收足，不少分文，其田任從買主投税完粮，過户收租耕種，永遠管業，契載割藤断根，永無找贖，故立賣田契付與闕邊永遠為據。

道光拾貳年拾壹月十弍日　立賣田契人　周增潤

憑中人　周增萬

周增基

代筆人　周增盛

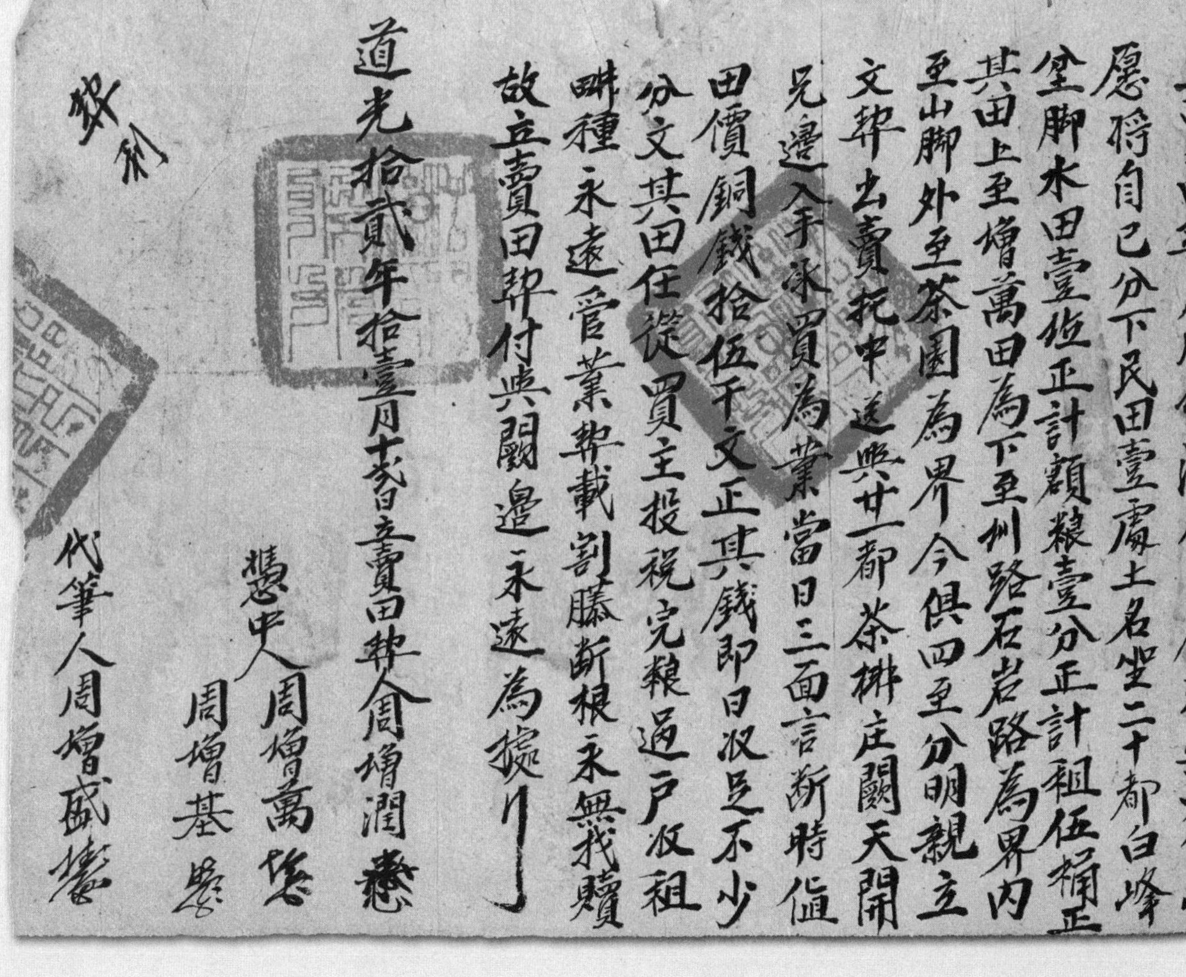

立賣契人二十都白峯庄周增基今因錢粮無办自情愿將祖父遺
下民田坐落土名白峯陽水碓下田弍坵計額壹畝正上增起山為界
下至增萬田為界左至增起田為界右至增起田為界今俱四至分明親
立文契出賣與松陽縣張永興號記布店為業三面斷定田價銅錢叁
拾陸千文正其錢當日收足其田任凭買主執契管業過戶完粮易佃耕
種此係自己物業與內外伯叔兄弟子侄人等無涉日前並無與當重賣文
墨交加在外如有此色自己一力承當不干買主之事其田約限甲午年內
任備賣主原價取贖如若其田過期以作絕契為論此出兩家心愿並無
反悔等情恐口难信故立賣契為據

內註悔等二字

道光拾弍年十一月廿九日立賣契人周增基

在見 周增萬
周堂訓
童開基

親筆 羅洪基

大發

號

計　開業戶

畝

布字叁千玖百玖拾陸號

業戶張永興

道光拾捌年拾弍月

（前頁）>>>>>

立賣契人二十都白峯庄周增基，今因錢粮無办，自情愿将祖父遺下民田，坐落土名白峯陽水碓下，田弍坵，計額壹畆正，上（至）增起山為界，下至增萬田為界，左至增起田為界，右至增起田為界，今俱四至分明，親立文契，出賣與松陽縣張永興鼎記布店為業，三面断定田價銅錢叁拾陸千文正，其錢當日收足，其田任憑買主执契管業，過户完粮，易佃耕種，此係自己物業，與内外伯叔兄弟子侄人等無涉，日前並無典當重賣，文墨交加在外，如有此色，自己一力承當，不干買主之事，其田約限甲午年内任僯賣主原價取贖，如若其田過期，以作絕契為論，此出两家心愿，並無反悔等情，恐口难信，故立賣契為據。

道光拾弍年十一月廿九日　立賣契人　周增基

内注悔等二字。　在見　周增萬

周堂訓

童開基

代筆　羅洪基

（契尾，道光拾捌年拾弍月）

立當小湖二坑字人闕才魁，今因缺欠田租銅錢無從出息，自愿托中将坐落土名小湖二坑砂坪扎塲四股，臨值年己分壹股，立字出当与本族天閛叔公手内，當出銅錢本弍千四伯文正，其錢利面言定，照依鄉規起息，其錢並本利的於本年拾弍月歸款，不敢拖欠，如違，其坑扎等任從錢主前去出包，当人不得异言滋端，今恐口難信，故（立）當字为據。

道光拾叁年三月廿七日　立當坑字人　闕才魁

見中　林炳琳

闕金魁

闕天進

代筆　闕献奎

立賣田契人賴通良今因錢粮無办自情愿将父手遺下自己閥内民田坐落松邑廿一都百步庄趙圩垻鳳樹下水田壹坵東至買主田為界南至闕姓田西至小坑北至闕姓田為界今俱四至分明計額叁分正併及田頭地角相樹茶樹雜木一應在内自情託中出賣與茶排庄闕德璞兄邊入受承買為業當日憑中三面言斷時值田價銅錢貳拾叁千文正其錢即日隨契憑中交清不短分文其田自賣之後任憑買主税契起根管業過户完粮收租日先亦無重典重當文墨交加倘有上手來歷不明皆係賣人一力承當不涉買主之事賣人房親伯叔兄弟子侄内外人等無涉干碍寸土一賣千休並無找贖割藤截斷根並無逼勒等情一買一賣兩家心愿各無反悔恐後無憑故立賣田契為據

一批賴通順相樹叁支双樹壹支不在期内

道光拾叁年拾月初六日立賣田契人　賴通良（押）

兄　賴通順（押）

房伯　賴通文（押）　賴永新（押）

張新爻（押）

憑中人　羅有昌（押）

代筆人　王有田（押）

立找斷根截契人賴通良原于本排庄闕德璞業主交易民田壹契坐落松邑廿一都百步庄趙圩垻水田一坵計分界至正契載明年冬歲逼自相無奈請託原中向與業主相勸找出契外銅錢貳千叁百文正其錢隨找原中交訖不少分文其田自找之後任從業主收租管業一找千休自甘心愿各無

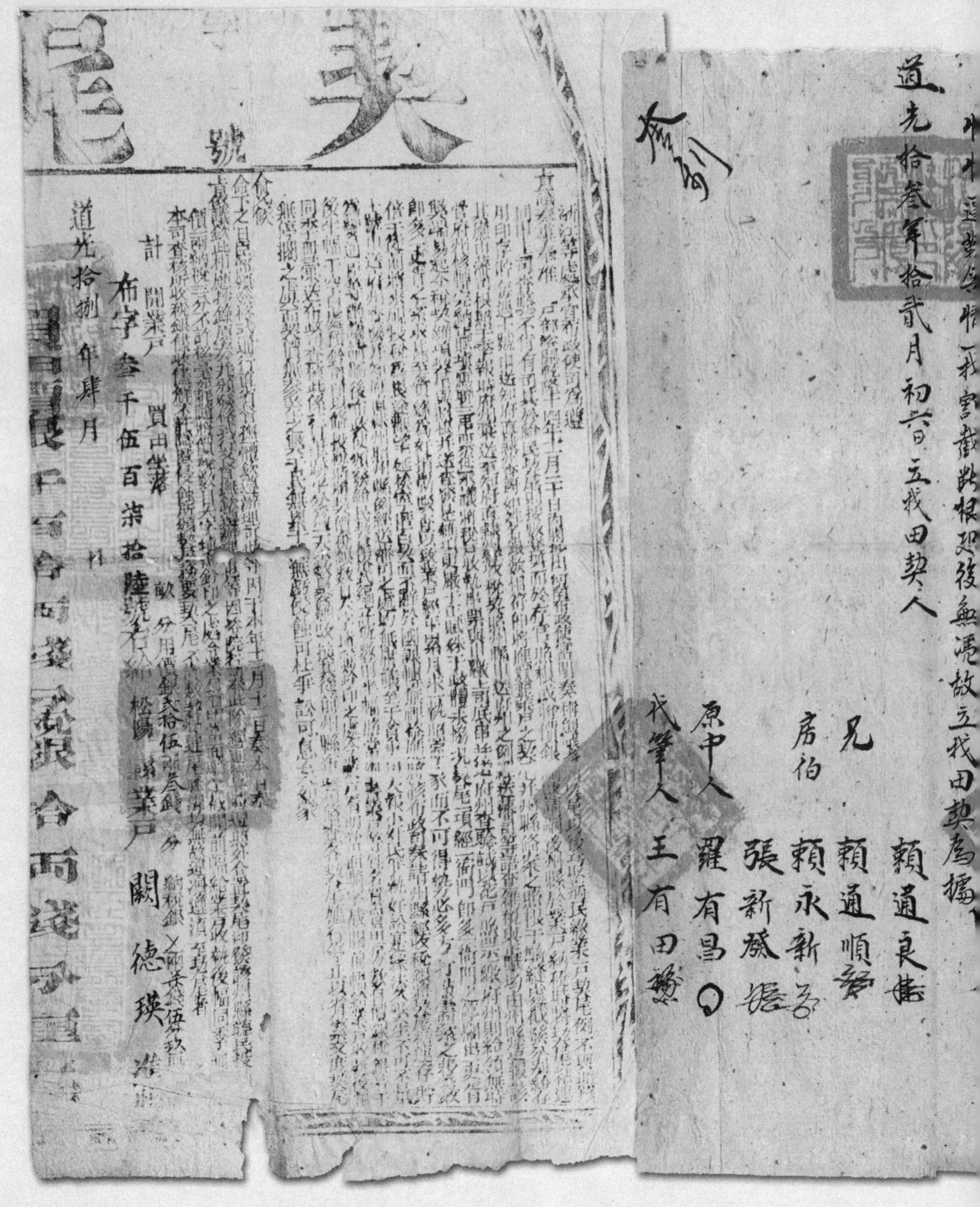

……我曾……此根契後無憑故立我田契為據

道光拾叁年拾貳月初六日　立我田契人　賴道良

兄　賴道順

房伯　賴永新

張新燦

原中人　羅有昌

代筆人　王有田

契
號

計　開業戶　買田業

布字叁千伍百柒拾陸號　松陽縣業戶　闕德瑛

道光拾捌年肆月

（前頁）>>>>>

立賣田契人賴通良，今因錢粮無办，自情愿将父手遺下自己鬮内民田，坐落松邑廿一都百步庄趙圩墳風［楓］樹下，水田壹坵，東至買主田為界，南至闕姓田，西至小坑，北至闕姓田為界，今俱四至分明，計額叁分正，併及田頭地角，柏樹茶樹雜木，一應在内，自情託中出賣與茶排庄闕德瑛兄邊入受承買為業，当日凴中三面言断，時值田價銅錢貳拾叁千文正，其錢即日隨契凴中交清，不短分文，其田自賣之後，任凴買主稅契起根［耕］管業，過户完粮收租，日先亦無重典重当，文墨交加，倘有上手来歷不明，皆係賣人一力承当，不涉買主之事，賣人房親伯叔兄弟子侄内外人等無涉干碍寸土，一賣千休，並無找贖，割截断根，並無逼勒等情，一買一賣，两家心愿，各無反悔，恐後無凴，故立賣田契為據。

一批賴通順柏樹叁支，双樹壹支，不在［其］内。

道光拾叁年拾月初六日　立賣田契人　賴通良

兄　賴通順

賴通文

房伯　賴永新

凴中人　張新發

羅有昌

代筆人　王有田

立找断根截契人賴通良，原因［与］茶排庄闕德瑛業主交易民田壹契，坐落松邑廿一都百步庄趙圩墳，水田一坵，畝分界至正契載明，年冬歲逼，自相無奈，請託原中向與業主相勸找出契外銅錢貳千叁百文正，其錢隨找原中交訖，不少分文，其田自找之後，任從業主收租管業，一找千休，自甘心愿，各無反悔逼勒等情，一找割截断根，恐後無憑，故立找田契為據。

道光拾叁年拾貳月初六日　立找田契人　賴通良

兄　賴通順

房伯　賴永新

張新發

原中人　羅有昌

代筆人　王有田

（契尾，道光拾捌年肆月）

立賣田契人闕門劉氏今因無錢使用自情愿將祖手分已閬下民田坐落念
壹都夫人廟庄土名大湖口安着水田壹坵上至山背葉蔡姓田下至闕蔡兩
姓田為界左至蔡姓田並山背為界右至砂坑墈為界計額叁分正今俱四至分明
托中立契出賣與本坦慶壽會闕天開蔡天惠闕其英闕永煥会内等入
手承買為業當日三面言斷定時值田價銅錢壹拾陸仟文正其錢即日隨契
兩相交兑足訖不少分文自賣之日任憑買主会内管業推收過户起耕易佃收租
管業原係祖手分已閬内物業與内外房親伯叔兄弟子姪人等無干未賣
日前並無典當文墨交加若有來歷不明賣人一力[?]不涉買主之事此出兩
家心愿並無逼勒準折債負之故其田四至界内荒坪地角任憑会内人等
耕種管業賣人不得異言恐口難信故立賣田契交與買主会内永遠管業
為據

道光拾叁年十二月初四日 立賣田契人 闕門劉氏〇

在場長男 添慶[押]

憑中 闕鳳奎[押] 闕喜奎[押] 闕元奎[押] 闕光奎[押] 闕獻奎[押]

代筆 [illegible]

立杜找斷田契人闕门劉氏原因日前與本坦慶壽会闕天開蔡天惠等
会内交易民田壹契坐落本都庄土名大湖口安着水田壹坵其田界至
數額前有正契載明今因年逼無措自請原中向到会内天開段廷等

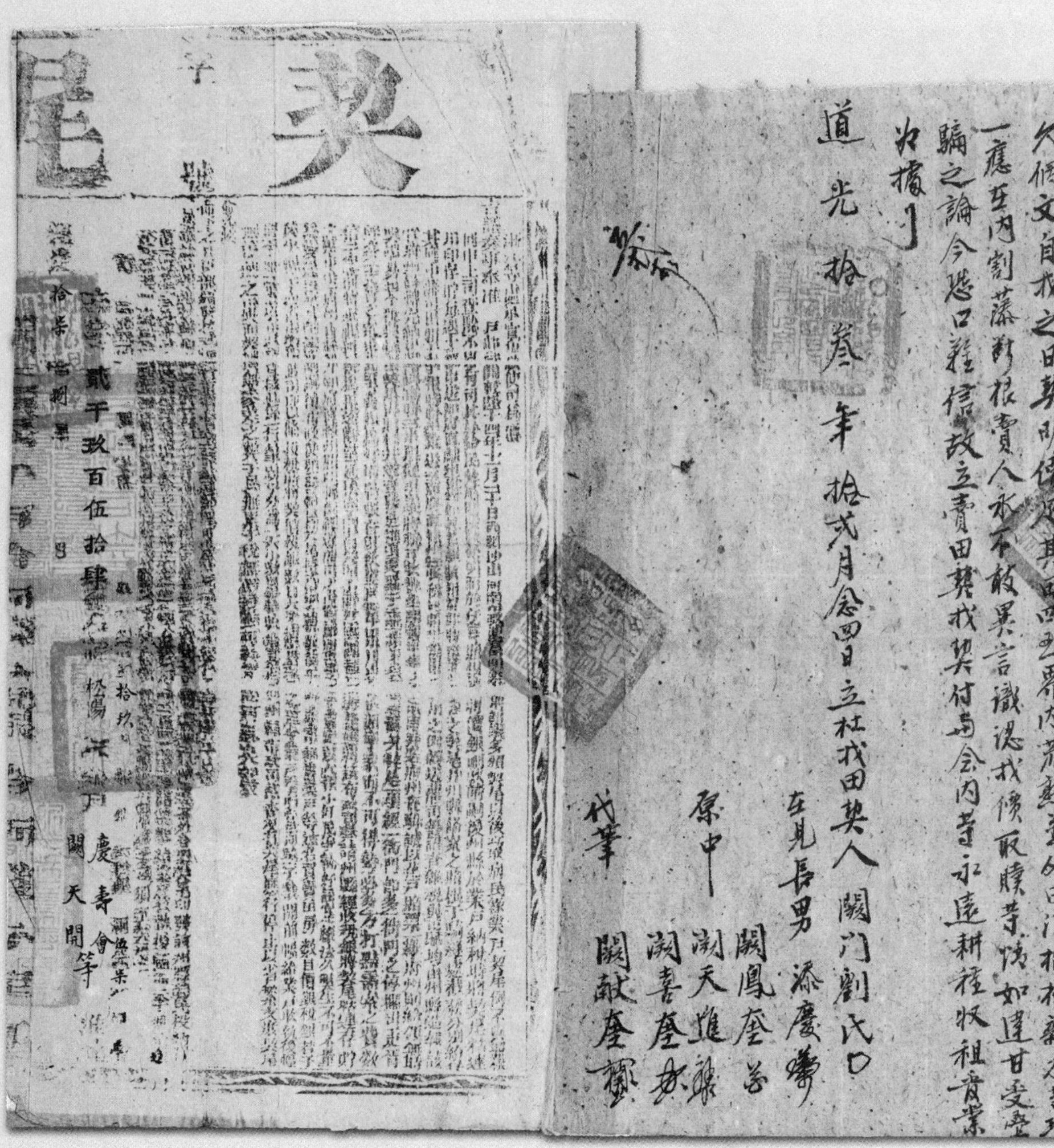

契尾

字　號

貳千玖百伍拾肆

松陽

慶壽會

闕天開等

欠個文自我之日契明價足其田四至界内荒熟並及田沿柳樹雜木等項一應在内割藤斷根賣人永不敢異言識認找價取贖等情如違甘受盜騙之論今恐口難信故立賣田契找契付與金内寺永遠耕種收租管業為據

道光拾叁年拾弍月念四日立杜找田契人　闕門劉氏口

在見長男　添慶口

原中　闕鳳奎口
闕天進口
闕喜奎口

代筆　闕献奎口

(前頁)>>>>>

立賣田契人闕門劉氏，今因無錢使用，自情愿将祖手分己阄下民田，坐落念壹都夫人廟庄，土名大湖口，安着水田壹坵，上至山骨兼葉姓田，下至闕、蔡两姓田为界，左至蔡姓田並山骨为界，右至砂坑壠为界，計額叁分正，今俱四至分明，托中立契，出賣與本坦［坛］慶壽會闕天開、蔡天惠、闕其英、闕永焕会内等入手承買為業，當日三面言断，定時值田價銅錢壹拾陸仟文正，其錢即日隨契两相交兑足讫，不少分文，自賣之日，任凴買主会内等推收過户，起耕易佃，收租管業，原係祖手分己阄内物業，與内外房親伯叔兄弟子侄人等無干，未賣日前，並無典當文墨交加，若有來歷不明，賣人一力支（當），不涉買主之事，此出两家心愿，並無逼勒凖折債負之故，其田四至界内，荒坪地角，任凴会内人等耕種管業，賣人不得异言，恐口難信，故立賣田契交与買主会内永遠管業為據。

道光拾叁年十壹月初四日　立賣田契人　闕門劉氏

在場長男　添慶

憑中　闕鳳奎

闕喜奎

闕元奎

闞光奎

代筆　闞献奎

立杜找断田契人闕门劉氏，原因日前與本坦［坛］慶寿会闕天开、蔡天惠等会内交易民田壹契，坐落本都庄，土名大湖口，安着水田壹坵，其田界至畆額，前有正契載明，今因年逼無措，自请原中向到会内天开叔边等勸说，再找出契外銅錢叁千文正，其錢即日隨找契两相交兑足讫，不欠個文，自找之日，契明價足，其田四至界内荒熟並及田沿柏樹雜木等項，一應在内，割藤断根，賣人永不敢異言識認找價取贖等情，如違，甘受叠騙之論，今恐口難信，故立賣田契找契付与会内等永遠耕種收租管業為據。

道光拾叁年拾弍月念四日　立杜找田契人　闕門劉氏

在見長男　添庆

原中　闕鳳奎

闕天進

闕喜奎

代筆　闕献奎

（契尾，道光拾柒年捌月）

立賣坑舖瓦屋契人石有福仝夥林炳琳、陳琳、全琳等，今因年歲荒歉，□□□愿将合造瓦屋壹所，计叁直式客軒併及大門回廊一概在內，上瓦桷下板壁、柱石，天池四圍滴水为界，托中立契出賣与闕天開叔边入手承買為業，當日凴中三面言断定，時值瓦屋價錢壹拾陆千文正，其錢即日隨契兩相交兑足讫，不欠分文，自賣之日，任凭買主召租居住，修整收租管業，原係淘洗西山岡坑招夥架造之屋，未賣日前，並無典当文墨交加，若有來歷不明，賣人等一力支听，不干買主之事，此出兩相心愿，並无逼勒準折債負之故，賣人不得异言等情，其屋坐落本都庄土名西山岡，坐南朝北安着，今恐口難信，故立賣屋契交与買主子孫永遠管業為據。

道光拾叁年十弍月念四日　立賣屋契人　石有福

全賣人　林炳琳

林陳琳

林全琳

凴中　闕天進

代筆　闕献奎

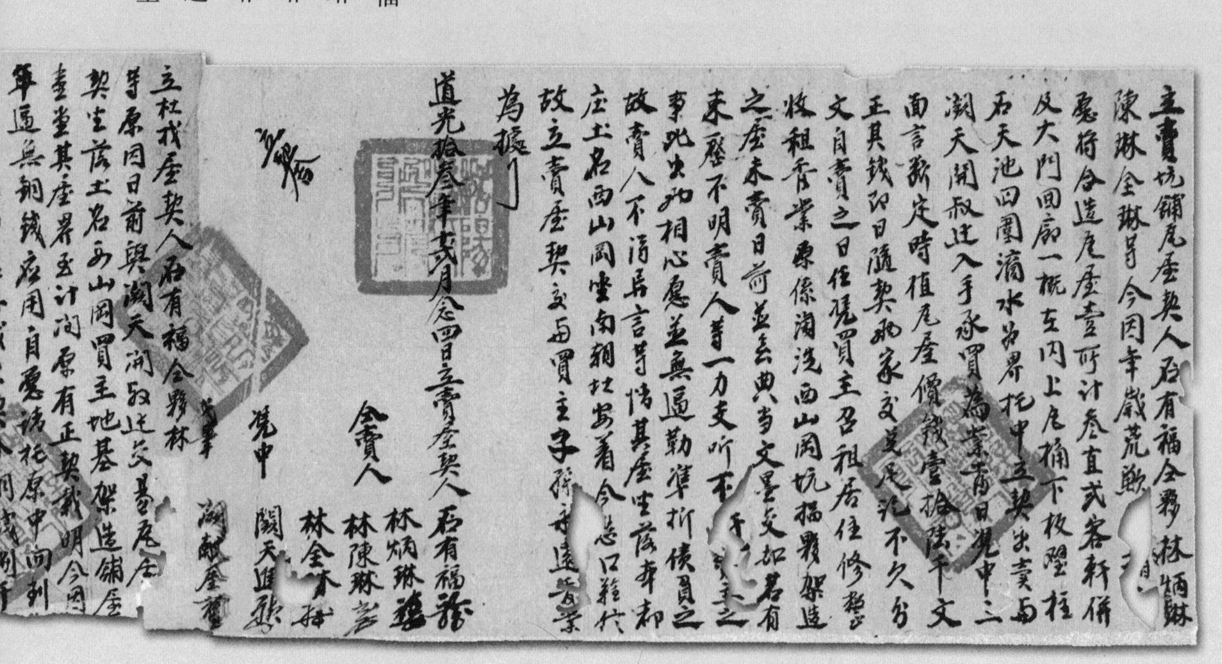

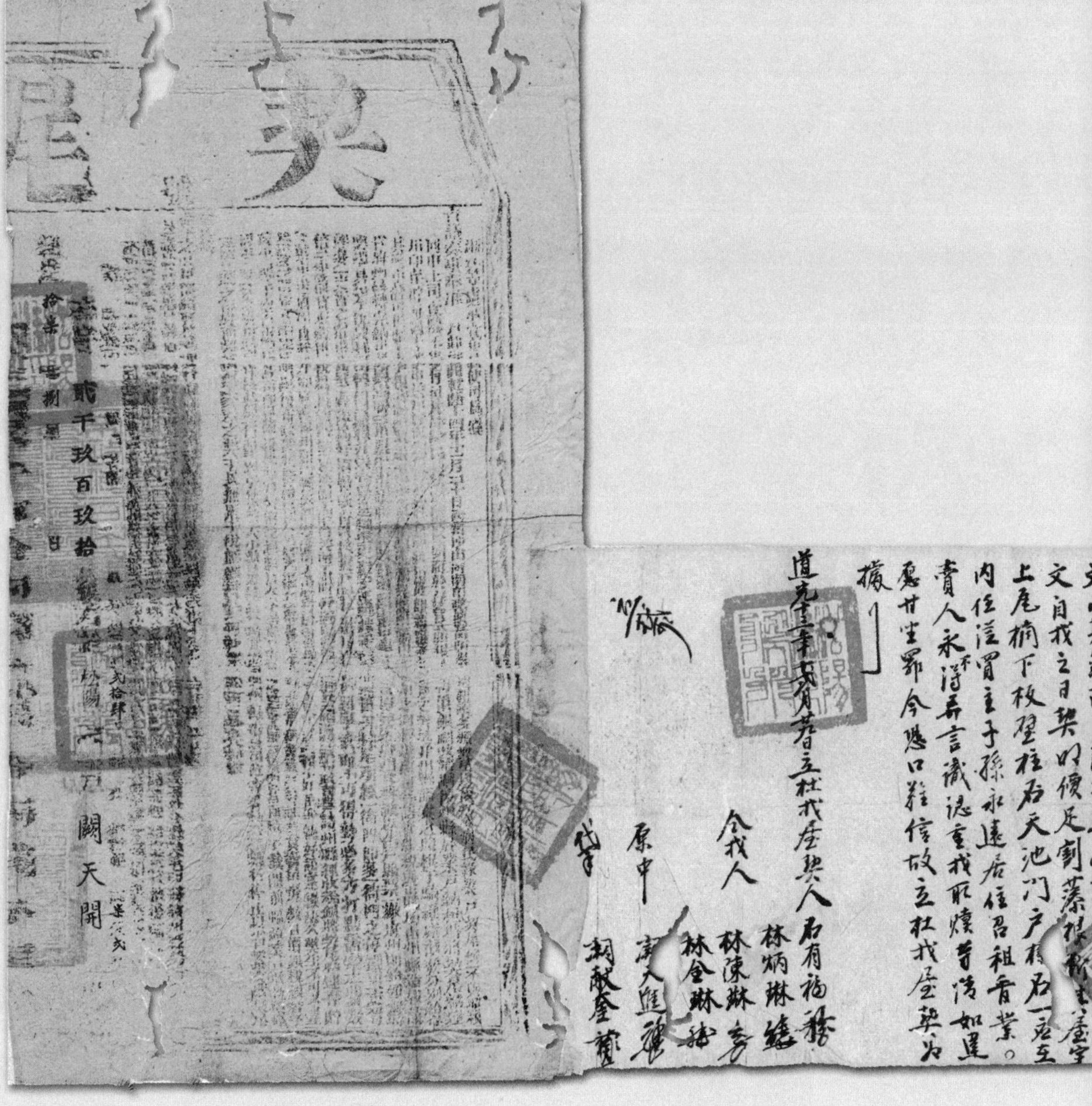

契

貳千玖百玖拾

闕天開

[illegible]
文自找之日契明價足，劉藔樸[illegible]屋宇
上尾桷下枚壁柱石天池门户樹石一应在
内，任從買主子孫永遠居住，召祖管業。
賣人永不得異言識認重找取贖等情，如是
愚廿坐罪。今恐口難信，故立杜找屋契為
據。

道光十二年十二月吉立杜找屋契人　石有福
全找人　林炳琳　林陳琳　林金琳
原中　雷天旺
代筆　闕献奎

（前頁）>>>>>

立杜找屋契人石有福仝夥林□□□□□等，原因日前與闕天浻叔边交易瓦屋□□契，坐落土名西山岡，買主地基架造鋪屋壹堂，其屋界至计间，原有正契載明，今因年逼，無銅錢应用，自愿请托原中向到買主手内勸息，再找出契外銅錢捌千文正，其錢即日隨找契两相交讫，不欠個文，自找之日，契明價足，割藤根断，其屋宇上瓦桷、下板壁、柱石天池、门户□石，一应在内，任從買主子孫永遠居住，召租管業，賣人永不得异言識認重找取贖等情，如違，愿甘坐罪，今恐口難信，故立杜找屋契为據。

道光十三年十弍月廿九日　立杜找屋契人　石有福

仝找人　林炳琳

林陳琳

林全琳

原中　闕天進

代筆　闕献奎

（契尾，道光拾柒年捌月）

立讨坑舖瓦屋劄人石有福仝夥林炳琳等，今因淘洗西山岡頭坑無屋居住，自愿托中向到闕天㑹叔边讨得屋壹堂，坐落土名西（山）岡双坪面安着，计叁直兩客軒，讨前来居住应用，当日三面言断，定每年秋收之日充纳水租谷壹担正，其屋租不敢欠少，如違，其屋任凴屋主另佃别人，租人不得霸阻异言，恐口無凴，立租劄为照。

一批其屋倘有匪類之人，不许留歇，恐有不端之事，不干屋主之事。

道光十叁年十弍月廿九日　立讨屋劄人　石有福

仝劄人　林炳琳

林陈琳

見中　闕天進

代筆　闕献奎

立賣田契人賴新茂今因錢粮無办自情愿將祖父遺下兄弟均分自己閣内民田
坐落松邑廿一都百步庄趙圻垇風樹下安着民田壹坵内至山脚為界外至買主田
為界上至神壇荒地腎為界下至買主田為界今俱四至分明計額粮貳分正併及茶
頭相掛雜木一應在内自情托中親立文出賣與茶排庄闕德璜兄邊入受承買為業當
日憑中三面言斷時值田價銅錢拾千文正其錢即日隨契憑中交訖不少分文其田自
賣之後任從買主起耕過户完粮税契管業日先并無重復典當文墨交加倘有上手來
歷不明皆係賣人一力承当不涉買主之事此係契明價足一賣日後永無找贖割截
斷根兩家心愿各無反悔逼勒等情恐後無憑故立賣田契付與買主永遠為據

道光拾肆年四月初五日立賣田契人 賴新茂

在場房叔 賴通雲

賴通文

憑中人 羅有昌

代筆人 王有田

合同

立找斷根截契人賴新茂今因日前茶排庄闕德璜兄邊交易民田壹契坐落松
邑廿一都百步庄趙圻垇風樹下水田壹坵兩分界至正契載明自想無添請托原中
向典茶主相御找出契外錢壹千文正其錢即日隨找原中交訖不短分文其田自
找之後任從茶主管業收租壹仟休再不敢異言截找自甘心愿各無反悔恐後無
憑故立找斷截契付與茶主永遠為據

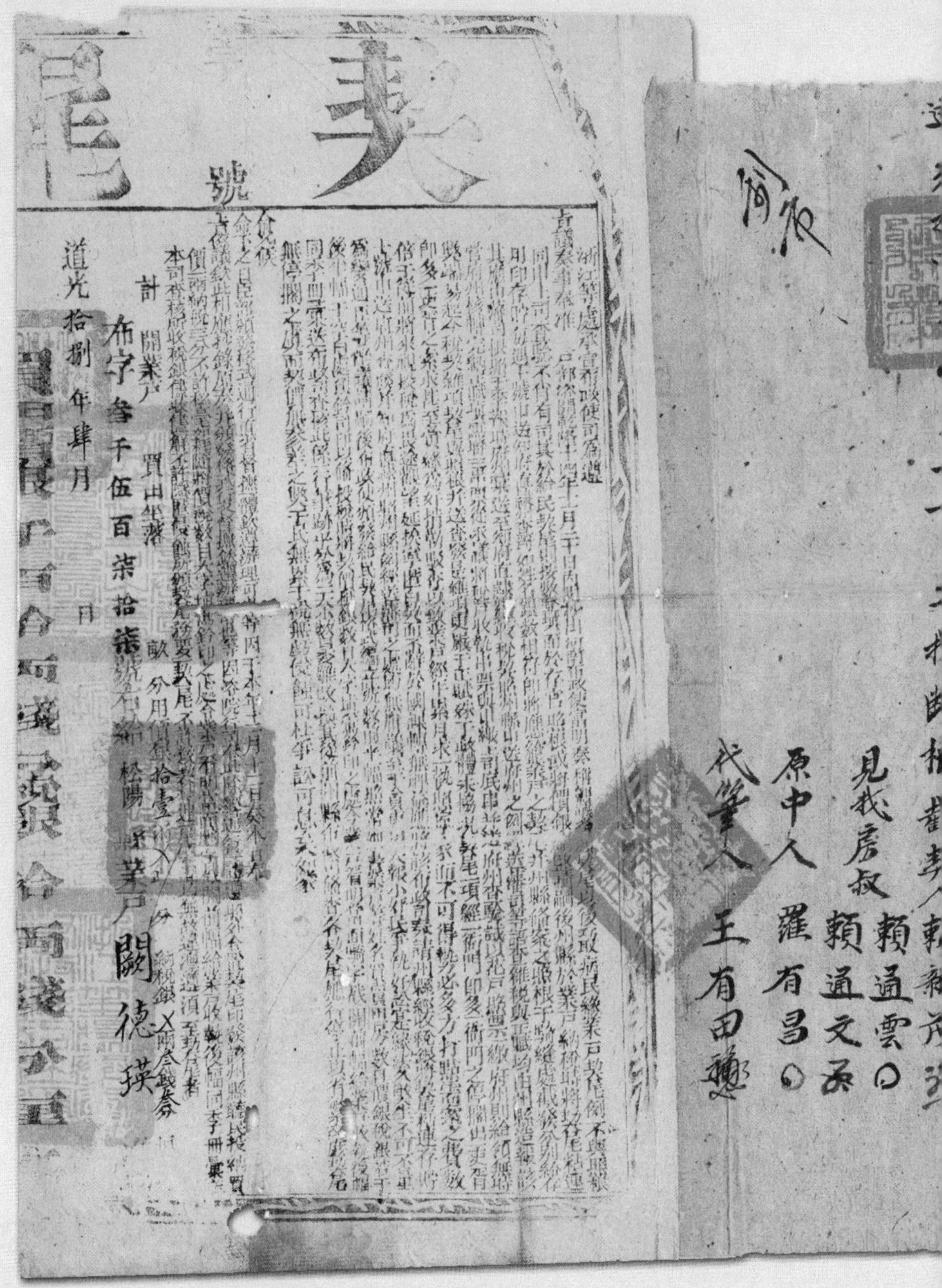

契尾

號

計　開業戶　買田坐落

布字叁千伍百柒拾柒號

業戶　闕德瑛

道光拾捌年肆月　日

見我房叔　賴通雲

原中人　賴通文

羅有昌

代筆人　王有田

(前頁)>>>>>

立賣田契人賴新茂，今因錢粮無办，自情愿将祖父遺下兄弟均分自己鬮内民田，坐落松邑廿一都百步庄趙圩塓風［楓］樹下，安着民田壹坵，内至山脚為界，外至買主田為界，上至神壇荒地賢為界，下至買主田為界，今俱四至分明，計額粮貳分正，併及茶頭柏樹雜木，一應在内，自情托中親立文（契），出賣與茶排庄闕德瑛兄邊人受承買為業，当日凴中三面言断，時值田價銅錢拾千文正，其錢即日隨契凴中交訖，不少分文，其田自賣之後，任憑買主起根［耕］過户，完粮税契管業，日先亦無重復典當，文墨交加，倘有上手來歷不明，皆係賣人一力承当，不涉買主之事，此係契明價足，一賣日後永無找贖，割截断根，两家心愿，各無反悔逼勒等情，恐後無凴，故立賣田契付與買主永遠為據。

道光拾肆年四月初五日　立賣田契人　賴新茂

在塲房叔　賴通雲

賴通文

凴中人　羅有昌

代筆人　王有田

立找断根截契人賴新茂，今因日前茶排庄闕德瑛兄邊交易民田壹契，坐落松邑廿一都百步庄趙圩塓風［楓］樹下，水田壹坵，畝分界至，正契載明，自想無奈，請托原中向與業主相勸，找出契外錢壹千文正，其錢即日隨找原中交訖，不短分文，其田自找之後，任從業主管業收租，壹找仟休，再不敢異言載［再］找，自甘心愿，各無反悔，恐後無凴，故立找断截契付與業主永遠為據。

道光拾四年四月十一日　立找断根截契人　賴新茂

見找房叔　賴通雲

賴通文

原中人　羅有昌

代筆人　王有田

（契尾，道光拾捌年肆月）

立抵換田字人闕翰通，今有父手遺下所分自置民田，坐落念一都茶排庄，土名葉蔴洋凉亭内片員上，安着田壹處，上、左、右三至俱山為界，下至闕邊田為界，又坐落冷水门首田壹坵，共田弍處，出換與關仲秋會衆人闕天培等收租管業，會衆将坐落念一都茶排庄，土名洋庄中心安着老屋门首田壹坵，會衆又貼入銅錢陸千文正，其田換與翰通便用管業，其粮各坐原户完粮，此出两相情愿，各無反悔，恐口無凴，立抵換田字為據。

道光十四年五月初弍日　立抵換田字人　闕翰通

見換婿　蔡有琳

親　王成茂

代筆叔　德聰

立賣田契人闕天錫今因缺本生意自情愿將自置民田壹處坐落廿都石倉源后宅，土名央老路上安着，其田上下俱闕姓田，左右山為界，四至分明，計額壹畝。又土名洋坳頭窩田壹處五橫，大小拾壹坵，上丁姓田，下天祜田，左茶山，右松樹山為界。又過山岡頭田大小六坵，上至丁姓曹姓田，左至曹姓田，右茶山為界，計額弍畝。又土名大塅田大小六坵，上至有泉田，下有奇田，左有泉田及塆，右買主田為界，計額弍畝，及田頭地塆一片在內。立契出賣本家天潤兄邊入手為業。當日憑中面斷時值田價洋銀弍伯陆拾元正，其洋即日收足。其田此賣之後，任憑兄邊推收過戶完粮管業。乃係自己物業，與叔伯兄弟無涉。如有來歷不明，賣人一力承當，亦無重典。一賣斷截，無找無贖。兩相情愿，並無逼抑等情。恐口难信，故立賣契永遠為據。

在塲兄 天喬（押）

弟 天耀（押）

驗契執照

浙江財政廳為給發驗契執照事今據　縣業户闕天有將坐落　畝　分　毫　釐　絲　忽舊契一紙呈請驗契註册並繳查驗費銀　圓　元經册費銀圓　角查與條例相符除合發照收執外合亟將該契登入　有不動產冊第　冊第　頁將此照截給收執為登驗證據須至執照者

中華民國　年　月　日

縣知事習艮樞

第　號

立賣田契人闞天錫，今因缺本生意，自情愿将自置民田壹處，坐落廿一
都石倉源后宅庄，小土名央老路上，安着其田，上下俱闞姓田，左右山为界，四
至分明，計額壹畝，又土名洋坳頭窝田壹處，五横，大小拾壹坵，上丁姓
田，下天祜田，左茶山，右松樹山為界，又過崗頭田大小六坵，上至丁姓□□
曹姓田，左至曹姓田，右茶山為界，計額弍畝，又土名大畈田，大小六坵，上至
有泉田，下有奇田，左有泉田及墈，右買主田為界，計額弍畝，及田頭地
堉，一应在内，立契出賣本家天涀兄邊入手為業，當日涀中面断，時
值田價洋銀弍伯陆拾元正，其洋即日收足，其田此賣之後，任涀兄邊
推收過戶，完粮管業，乃係自己物業，與叔伯兄弟無涉，如有来歷
不明，賣人一力承當，亦無重典，一賣断截，無找無贖，兩厢情愿，並無
逼抑等情，恐口难信，故立賣契永遠為據。

在場兄　天秀
弟　天耀
見中侄　德瑨

道光拾肆年拾月十六日　立賣契人　闞天錫
親筆

立租田劄人闕天錫，今因無田，自向到本家
天開兄邊租過民田叁處，一處坐落廿一都后宅庄
洋坳頭，又一處坐落后宅央老路上田，又一處坐落大
畈田，前去耕種，當日断定，每年秋收完納租谷
拾弍担，送至田主家下扇净交量，不得欠少升
合，如違，任凴兄邊起耕易佃，不得異言婪执，恐
口無凴，立租劄為证。

道光拾四年十一月十弍日　立租劄人　闕天錫

見劄　闕德瑨

親筆

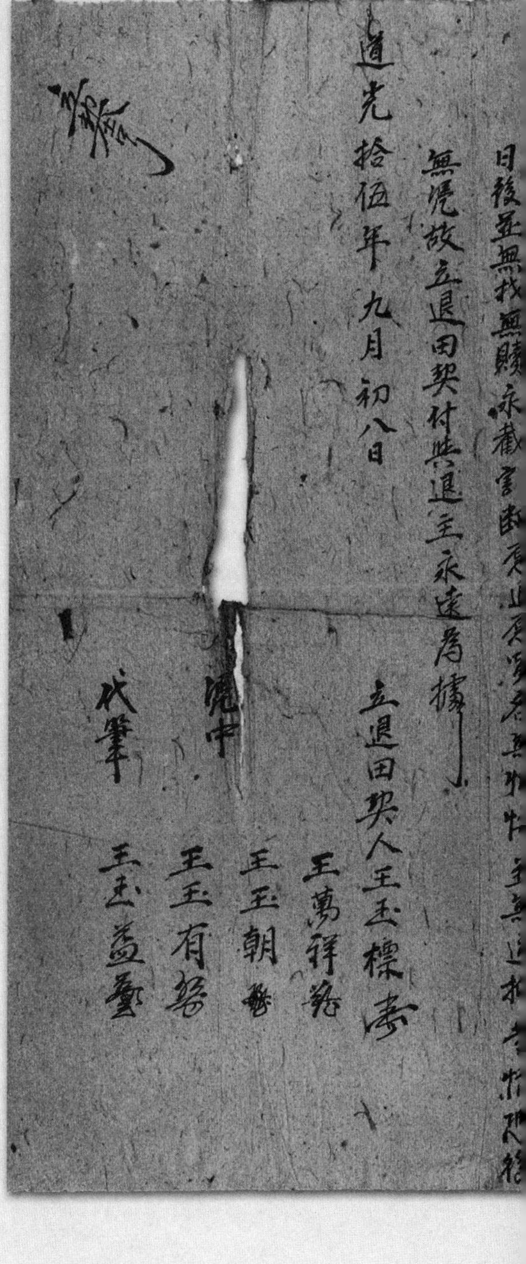

立退田契人王玉標，今因錢粮無办，自情愿将祖父遺下兄弟均分自己股內民田，坐落松邑廿一都百步庄，小土名潘山頭石橋水田，自己田壹股，計額壹分伍厘正，四至之內，田頭地角雜木，一應在內，自愿託中立字，出退與王玉昌边承退為業，當日凴中三面言断，時值田價銅錢陸仟伍百文正，其錢□□收足，不欠分文，其田自退之後，任凴退主执契起耕過户，入册完粮，易□□□管業，其田乃係自己股內清業，與內外房親伯叔兄弟子侄人等無涉，日先亦無重復典當，文墨交加，如有此色，出退人一力承當，不干買主之事，其田日後並無找無贖，永截割断，愿退愿買，各無反悔，並無逼抑等情，恐後無凴，故立退田契付與退主永遠為據。

道光拾伍年九月初八日　立退田契人　王玉標

凴中　王萬祥

王玉朝

王玉有

代筆　王玉益

立賣田契人梁石洪仝弟石榮、姪元海等，今因祖婆大祥缺乏應用，自情愿将祖手遺下民田，坐落本邑二十都樹稍庄，土名黄泥頂脚下，安着水田壹處，計大小肆横，共計大小田壹拾伍丘正，其田上至周姓田併山，下至坑，左至周姓田，右至周姓田併坑壠為界，计額伍分正，今俱四至分明，托中立契，出賣與廿一都石倉源茶排庄闕天有、天貴、天培、天開四位舅公祠内入手承買為業，當日凴中三面言断，定時值田價銅錢貳拾仟文正，其錢即日隨中筆两相交兑足讫，不欠分文，自賣之日，任從買主推收過户完粮，起耕改佃，收租管業，原係祖手物業，与内外房親伯叔兄弟子姪人等無干，未賣日先，並無典當文墨交加，若有來歷不明，賣人一力支听，不干買主之事，此出两家心愿，並無逼勒準折債貨之故，其田四至界内，荒坪地角等處及柏树，俱概在内，任凴買主四房祠内耕作收租管業，今恐口難信，故立賣田契交與買主子孫永遠為據。

一批老土名係下烏口安着，再照。

道光拾伍年十一月廿四日　立賣田契人　梁石洪

全弟　石榮

石應

嫡姪　元海

凴中舅公　闕天进

代筆　闕献奎

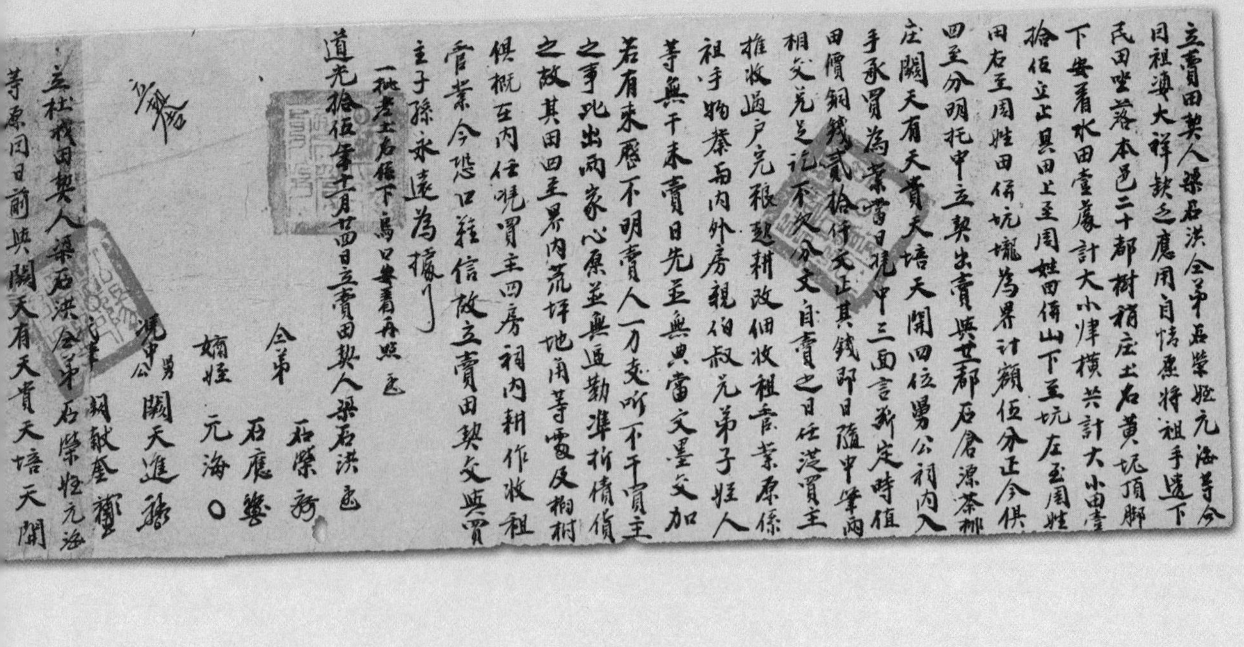

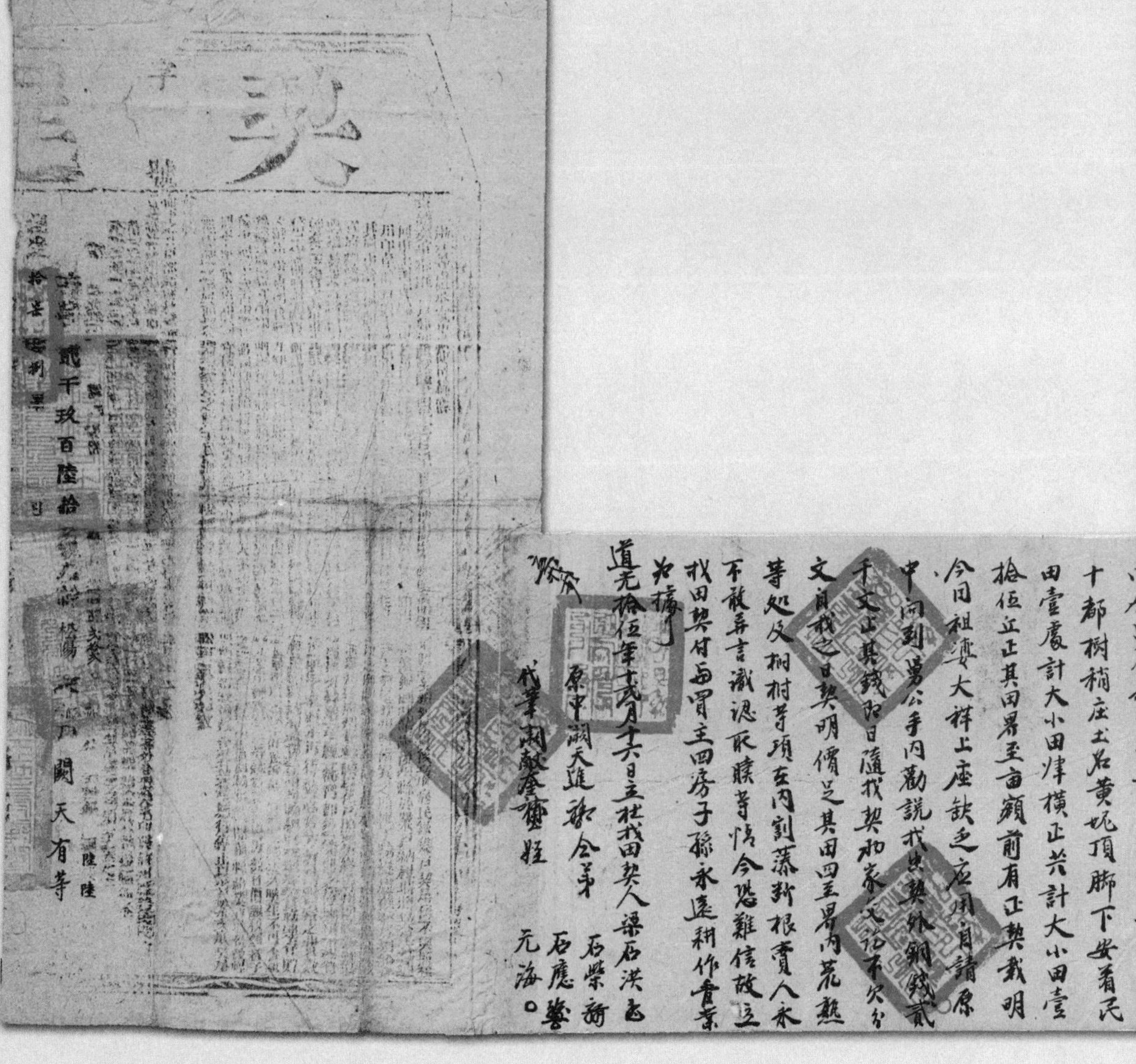

十都樹梢庄土名黄屼頂脚下安着民
田壹處計大小田肆横正共計大小田壹
拾伍丘正其田界至亩額前有正契載明
今因祖婆大祥上座缺乏應用自請原
中向到買主手内勸説找出契外銅錢貳
千文正其錢即日隨找契兩家交訖不欠分
文自找之日契明價足其田四至界内荒熟
等処及桐樹等項在内割藤斷根賣入永
不敢异言識退取贖等情今恐難信故立
找田契付与買主四房子孫永遠耕作管業
為據
道光拾伍年十弍月十六日立杜找田契人梁石洪
原中　闕天璡　石榮
代筆　闕獻奎　石應
元海

（前頁）>>>>>

立杜找田契人梁石洪仝弟石榮、姪元海等，原因日前與闕天有、天貴、天培、天開四房舅公祠内交易民田壹契，坐落二十都樹稍庄，土名黄泥頂脚下，安着民田壹處，計大小田肆横正，共計大小田壹拾伍丘正，其田界至亩額，前有正契載明，今因祖婆大祥上座缺乏应用，自請原中向到舅公手内勸説，找出契外銅錢貳千文正，其錢即日隨找契兩家交讫，不欠分文，自找之日，契明價足，其田四至界内荒熟等处及柏树等項在内，割藤断根，賣人永不敢异言識認取贖等情，今恐難信，故立找田契付与買主四房子孫永遠耕作管業为據。

道光拾伍年十弍月十六日　立杜找田契人　梁石洪

仝弟　石榮

石應

姪　元海

原中　闕天進

代筆　闕献奎

（契尾，道光拾柒年捌月）

立讨田劄人梁石洪，今因無田耕作，自愿向到闞天有、天贵、天培、天开四位旧［舅］公祠内讨得水田一處，坐落二十都树稍庄黄坭頂脚安着，讨前来耕作，当日面言，定每年求成之日充纳水租谷壹拾桶正，其租谷遞［送］至旧［舅］公倉前风净遏桶，不得欠少，如違，其田任凴旧［舅］公起耕另佃，讨人不得霸種等情，恐口難信，故立讨田劄为據。

道光十五年十弍月念四日　立讨田劄人　梁石洪

見中　闞天進

代筆　闞献奎

立賣闕聖十四会字人郭茂榮原因祖手置有闕汀会壹集共成壹拾股各指置有民田壹處坐落二十一都蔡宅庄土名横路下安着計額弍畝正因缺錢應用自愿托会友向前理明將己股下立賣與闕天潤叔邊承買當日三面言斷定己股下田價銅錢陸千文正其錢即日隨契收訖交訖不欠分文自賣之日任凭買主每年在本坦 闕聖君誕前致祝消散其臨值年秋租穀任凭買主收貯存積每年五月十四日慶祝賣人此業之日永不得异言識退取贖等情此係兩相心愿並無逼抑等情今恐口難信故立賣会字為據」

道光拾伍年十弍月廿弍日 立賣會会字人 郭茂榮（押）

見中 房弟 茂才（押）

茂鹿（押）

在見会友 闕嵩養（押）

代筆 闕献奎（押）

立賣闕聖会十四日姻字人郭茂財全二房茂揚茂全等原因年先祖手在本邑二十壹都夫人廟庄有 闕帝神像立主齊集定成闕汀會壹盤其成壹拾股各捐資之銅錢只計凑成置買田項坐落蔡宅庄土名横路下安着民田壹處計額弍畝正因年歲荒歉缺錢應用兩房自心愿托会友將己房內叁股內分將二股立字出賣與茶排庄闕天潤叔邊入手承買當日会友面斷田項二股会價銅錢壹拾弍千文正其錢即日隨字

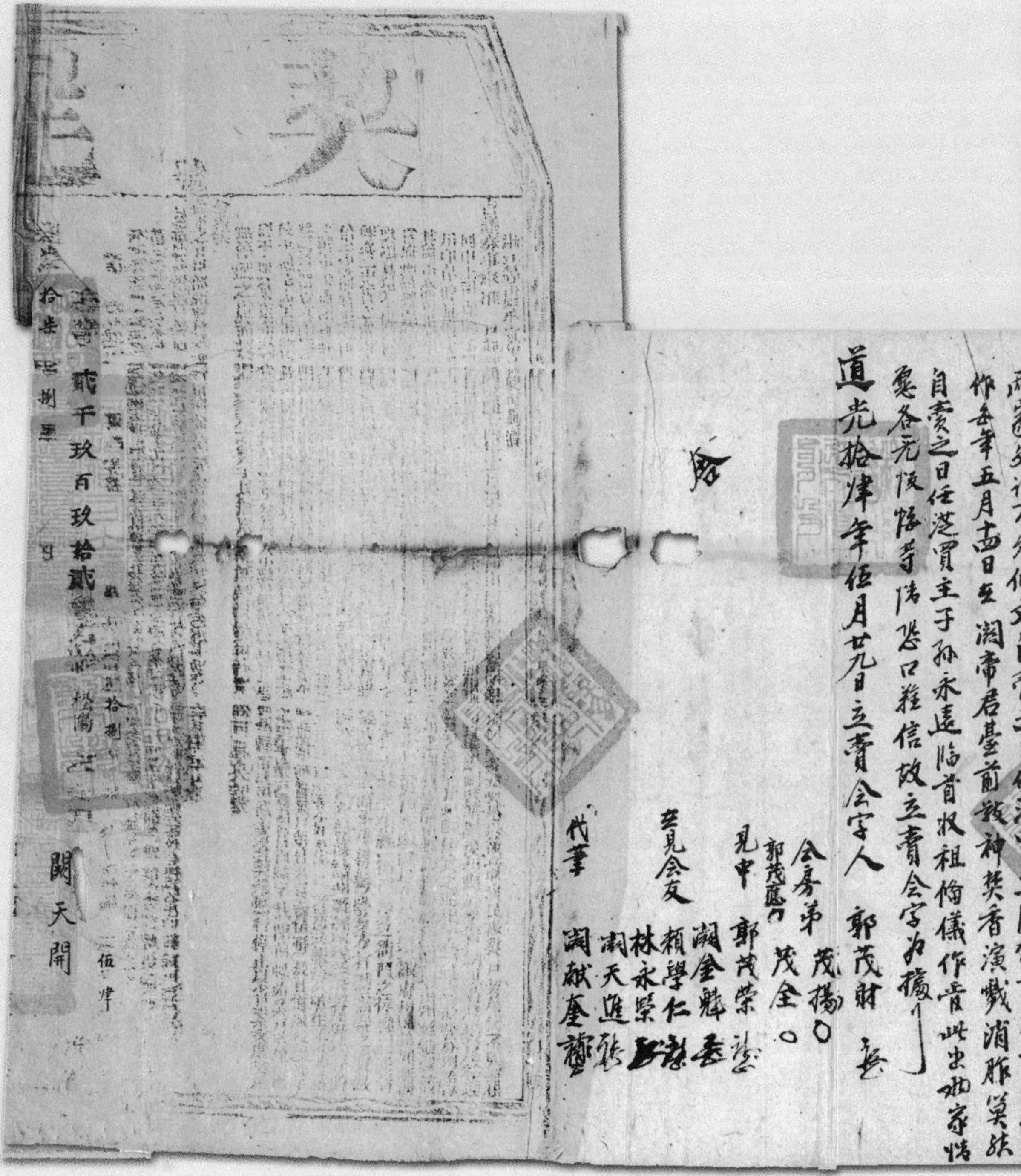

兩家交訖不欠，倘文自賣之日任從買主……

作每年五月十四日在闕帝君臺前設神焚香演戲……

自賣之日任從買主子孫永遠臨首收租倚儀作管，此出兩家情

愿各无阻悔，恐口難信，故立賣會字為據。

道光拾肆年伍月廿九日立賣會字人　郭茂財

會房弟　茂揚　茂全

見中　郭茂榮　闕金輝　賴學仁　林永榮　闕天進

郭茂蘭　在見會友

代筆　闕獻奎

貳千玖百玖拾貳

闕天開

（前頁）>>>>>

立賣闗聖十四会字人郭茂榮，原因祖手置有闽汀会壹集，共成壹拾股，各捐置有民田壹處，坐落二十一都蔡宅庄，土名横路下安着，計額弍亩正，因缺錢应用，自愿托会友向前理明，将己股下立（契）賣與闞天闬叔边承買，當日三面言断，定己股下田價銅錢陆千文正，其錢即日隨契據兩家交讫，不欠分文，自賣之日，任凴買主每年在本坦［坛］闗聖君臺前敬祝消散，其临值年秋租穀，任凴買主收貯存積，每年五月十四日慶祝，賣人此卖之日，永不得异言識認取贖等情，此出兩相心愿，並無逼抑等情，今恐口難信，故立賣会字为據。

道光拾伍年十弍月廿弍日　立賣十四日会字人　郭茂榮

見中　房　茂才

弟　茂應

在見会友　闞嵩養

代筆　闞献奎

立賣闗聖会十四日期字人郭茂財仝二房茂揚、茂全等，原因年
先祖手在本邑二十壹都夫人庙庄有關帝神像立主齊集，
定成閩汀會壹盤，共成壹拾股，各捐資之銅錢共计凑成置
買田項，坐落蔡宅庄土名横路下，安着民田壹處，计額弍畝正，
因年歲荒歉，缺錢應用，两房自心愿托会友将己房内叁
股均分，将二股立字出賣與茶排庄闕天闬叔邊入手承買，當
日会友面断，田項二股会價銅錢壹拾弍千文正，其錢即日隨字
两家交讫，不欠個文，自賣之日，任從買主臨值年為首，收租以
作每年五月十四日，在關帝君臺前敬神焚香，演戲消胙算□，
自賣之日，任從買主子孙永遠临首收租，倫儀作管，此出两家情
愿，各无反悔等情，恐口難信，故立賣会字為據。

道光拾肆年伍月廿九日　立賣会字人　郭茂財
仝房弟　茂揚
茂全
郭茂應
見中　郭茂榮
闕金魁
在見会友　賴學仁
林永榮
闕天進
代筆　闕獻魁

（契尾，道光拾陸年捌月）

立出拚雜柴松樹山批字人闕德理、德琧、仝姪翰美等，原因父手置有民山壹處，坐落廿都，土名嶺脚王姓住屋上手安着，上至山頂，下至田路，内至葉金聚山，外至潘宗亮山為界，今俱四至分明，讬［托］中立（字）出拚與邹水茂兄边承拚，當日三面言断，定時值柴價銅錢捌千文正，其柴價錢即日隨拚兩相交讫，不欠個文，自出拚之後，任從承人择日登山砍伐，扦窑烧炭，發運生意，如有此色等情，出拚人一力支听，不干邹边之事，此出兩家心愿，並無反悔之理，其山的於本年十弍月下砍，其山四至界内籙養有大號松樹叁株，不許砍伐，任凴山主存山籙养，其杉树亦不敢砍伐，恐口難信，故立拚柴薪松木字为據。

道光弍十一年六月廿六日　立出拚柴字人　闕德理

仝拚　德琧

翰美

見中　李天利

李元洪

代筆　闕献奎

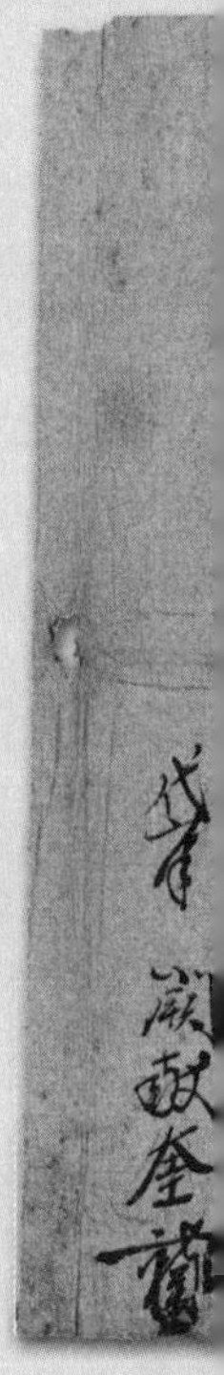

立割找契人王騰高，日前原與毛贇鴻兄邊交易名［民］山壹處，俱已契明價足，本無可找之理，偏遇年歲逼迫，托原中向找过契外銅錢叁佰文正，其錢當日收足，其山自找之後，任憑毛邊永遠管業，执契完粮过户，此出二家情愿，並無逼（勒）等情，恐口難信，故立割找契為據。

道光廿二年五月初一日　立割找　王騰高

仝侄　火雲

見找　王立誠

代筆　丁光浙

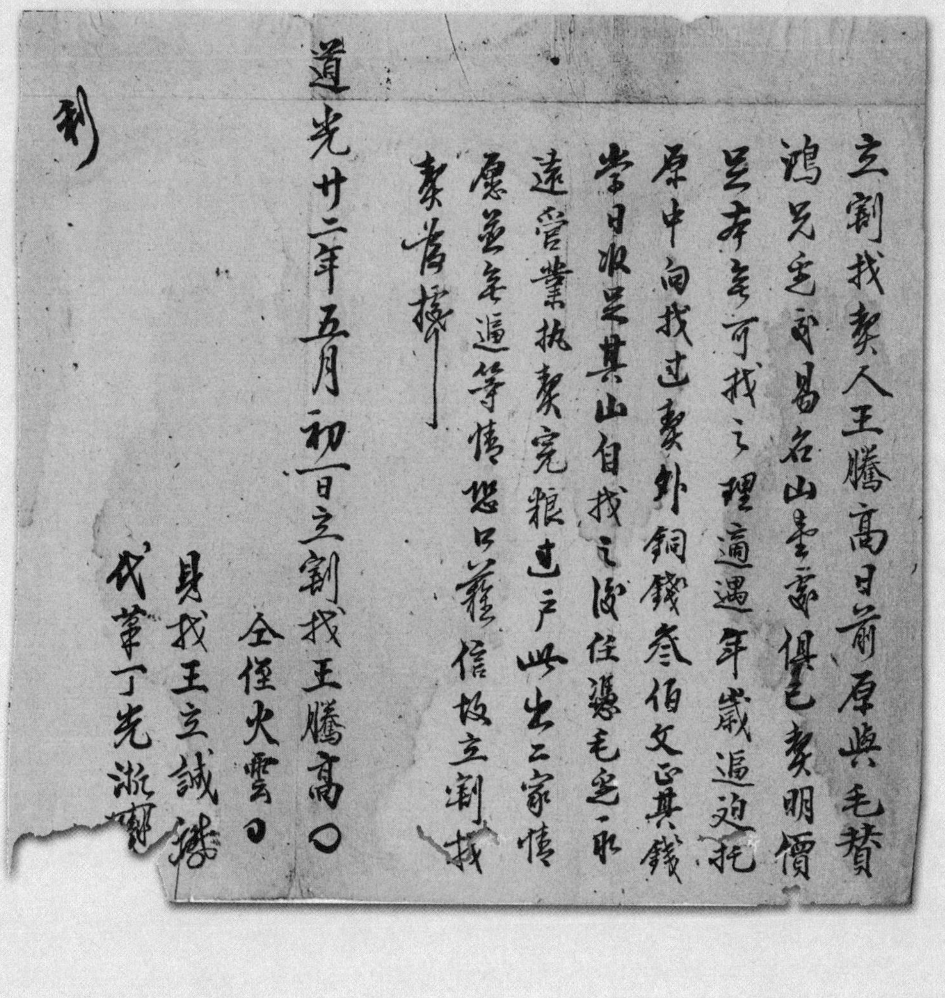

立换田字廿一都百步庄王玉昌，今因耕種不便，自情愿将祖父遺下民田土名坐落廿一都百步庄土名潘山頸水田式處，共苗大小拾叁並叁，其田内至玉盛last
田為界，外至石桥，左右式至山為界，併及荒地壹塊，今俱四至分明，其田立字出换與本都茶排庄阙天開親边為業，三面断定，今将百步坑老炉塲田壹處與王廷對换耕種，零外找王廷銅錢拾叁仟文正，其錢当日收足，不欠分文。其田任凭阙边收租管業，其粮各自完納。此係自己清楚物業，與内外房親伯叔兄弟子侄無涉，日先並無典当重賣文墨加交，如有此色，王姓自能一力承当，不干阙边之事。自换之後，不敢識認，永遠割絶，如同绝木，此出两家心愿，並無反悔逼抑等情，恐口無凭，故立换田字為據。

在見人　阙春財（押）
王玉應（押）
王玉朝（押）
王玉𦚑（押）
王新海（押）

大清道光式拾弍年拾弍月初十日　立换田字人　王玉昌（押）

立換田字廿一都百步庄王玉昌，今因耕種不便，自情愿将祖父遺下民田，土名坐落廿一都百步庄，土名潘山頭，水田弍處，共田大小拾叁坵，其田內至玉盛衆田為界，外至石桥，左右弍至山為界，併及荒地壹塊，今俱四至分明，其田立字出換與本都茶排庄闕天開親边為業，三面断定，今将百步坑老炉塲田壹處，與王边對換耕種，零〔另〕外找王边銅錢拾叁仟文正，其錢当日收足，不欠分文，其田任凴闕边收租管業，其粮各自完納，此係自己清楚物業，與內外房親伯叔兄弟子侄無涉，日先並無典当重賣，文墨加交，如有此色，王姓自能一力承当，不干闕边之事，自換之後，不敢識認，永遠割绝，如同绝木，此出两家心愿，並無反悔逼抑等情，恐口無凴，故立換田字為據。

闕春財

王玉應

在見人　王玉朝

王玉旺

王新海

大清道光弍拾弍年拾弍月初十日　立換田字人　王玉昌

代筆　王玉益

立退杉木字人郭立新，今因日先于天闸公坟後山内栽插有杉木叁枝，兹因無錢急用，自情愿将所栽插杉木，立字出退于天闸公嗣孫玉麒、玉熊、玉鑣等三房入手承退，当日三面言断，杉木價洋銀壹元式角正，其洋即日隨字交付足讫，其杉木自退之後，任凴闞边天闸公坟頭籙养，出退人不得異言，恐口难信，故立退字為據。

光緒式拾伍年十二月廿一日　立退杉木字　郭立新

在見　邱磁吉

親筆　郭立新

立退夫人會字人王門林氏仝男王金聲今因口食不給自情愿將母手立有
夫人庙在正月十四日夫人會一搬共會首四股愿將自己一股托中筆立字出退與
闕培芳入受承退為業當日憑中面斷會價洋艮陆元正其洋即日隨字交
付足訖不少分厘其會自退之後任憑承退人永遠每年正月十四日散會
輪流管業出退人無得異言但抌等情此係自己親立之會與內外房親
伯叔子侄兄弟人等並無干涉日前亦無半點文墨典當在外如有來歷不
明出退人一力承當不干退主之事一退千休永無找贖恐口無憑故立出退承據
字付承退人永遠為據

光緒廿六年十弍月十一日　立退夫人會字人王門林氏（押）

長子（押）王金聲（押）

王安發（押）

代筆闕丕昆（押）

立退夫人會字人王林氏

(前頁)>>>>>

立退夫人會字人王門林氏仝男王金聲，今因口食不給，自情愿将母手立有夫人庙庄正月十四日夫人會一搬共會首四股，愿将自己一股托中筆立字出退與闕培芳入受承退為業，當日凴中面断，會價洋银陆元正，其洋即日隨字交付足訖，不少分厘，其會自退之後，任凴承退人永遠每年正月十四日散會輪流管業，出退人無得異言阻执等情，此係自己親立之會，與内外房親伯叔子侄兄弟人等並無干涉，日前亦無半點文墨典當在外，如有来歷不明，出退人一力承當，不干退主之事，一退千休，永無找贖，恐口無凴，故立出退承字付承退人永遠為據。

光緒廿六年十弍月十一日　立退夫人會字人　王門林氏

長子在場　王金聲

王安發

代筆　闕宝民

立討劄人葉金水今因無屋居住自愿托中向於關王、
麒叔房衆邊討來居住坐落本城南濟舖下左邊内首平屋
三間半座及空基墻為界門戶照古出入面断每年計租英洋
叁元其租約限八月内充清楚不致欠少分文如若租銀拖[納]
欠不偹任憑屋主追租鑽閘往邊無得異言恐口無憑故

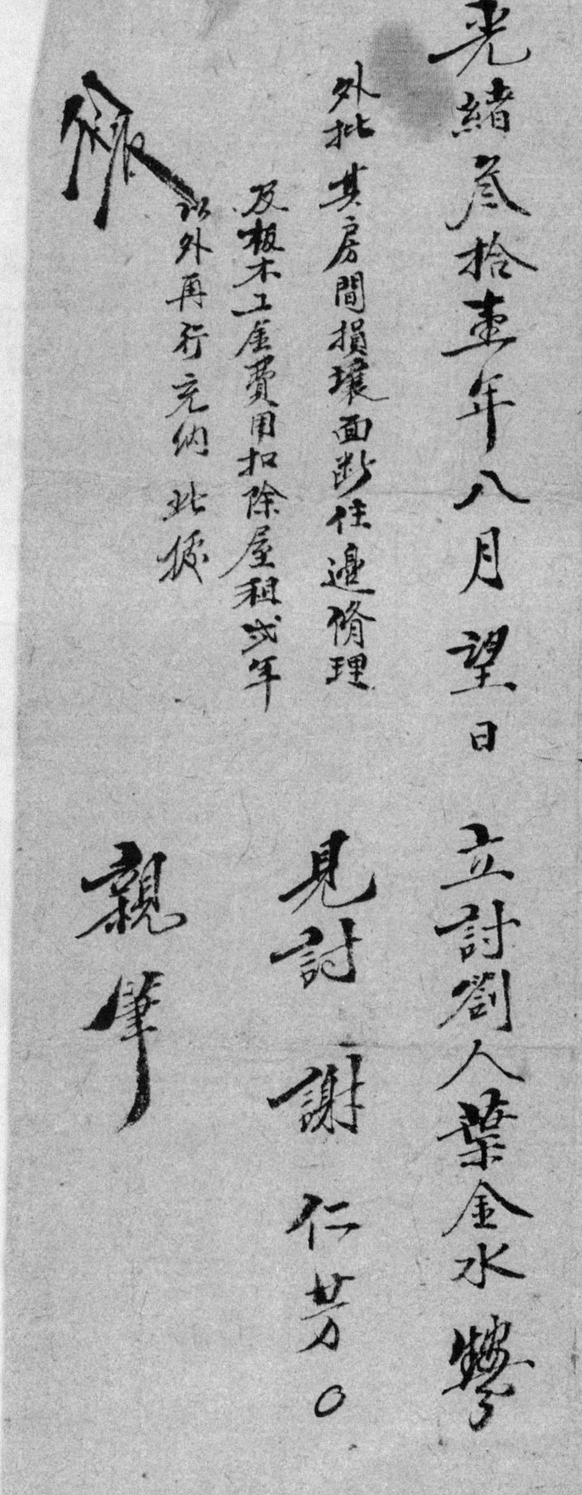

立討劄人葉金水，今因無屋居住，自愿托中向於闕玉麒叔房衆邊討来居住，坐落本城南濟舖下左邊内首平屋三間半座及空基墻為界，門户照古〔舊〕出入，面断每年計租英洋叁元，其租約限八月内充納清楚，不致欠少分文，如若租銀拖欠不偹，任憑屋主追租鎖閉，住邊無得異言，恐口無憑，故立討劄為據。

光緒叁拾壹年八月望日　立討劄人　葉金水

見討　謝仁芳

親筆

外批其房間損壞，面断住邊脩理

及板木工金費用，扣除屋租弍年

以外，再行充纳，此據。

……藍友春，今因錢粮無办，自情愿將自
……廿一都包處坑潘古路，又土名傳比田
……界，下至應边田為界，左至坑為界，
……又土名坐落對門山，田式處，共田肆處，
……正，計額伍畆正，今俱四至分明，托中立
……荣人首承買，當日憑中三面言定，
……拾兩正，其銀即日随契兩相交付足訖，
……不是準折債負之故，其田自賣之
……業收租過户完粮，賣人不得異言
……物業，與上下房親伯叔兄弟人等並
……不明，皆係賣人一力承當，不涉買主之
……逼勒，其田永遠割藤絕骨断根，永
……憑，故立田契永遠為據。

在塲中人 黄福慶
蔡文玉
曹貴琳
王永宗
見人 葉秉国
包正禄

……初六日 立賣田契書人 藍友春
代筆人 曹福應

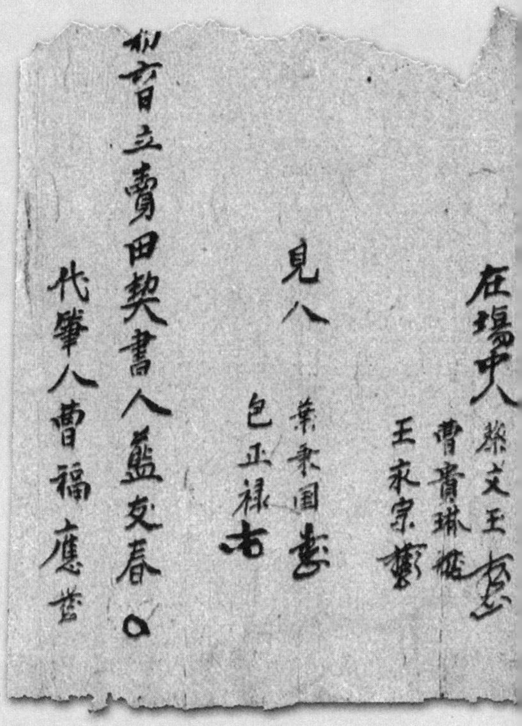

……藍友春，今因家口缺乏，原與張边交易

……都包處坑，土名潘古路傳比，田弍處，又

……弍處，計額伍畝正，畝分坵角，原有

……缺乏，請托原中劝業主找出契

……其銀即日随契交足明白，其田

……買主管業，永断割藤絕找，恐

……為據。

原中　王永宗

黄福慶

蔡文玉

曹貴琳

見人　葉秉国

包正禄

……弍月初六日　立找田契人　藍友春

代筆人　曹福應

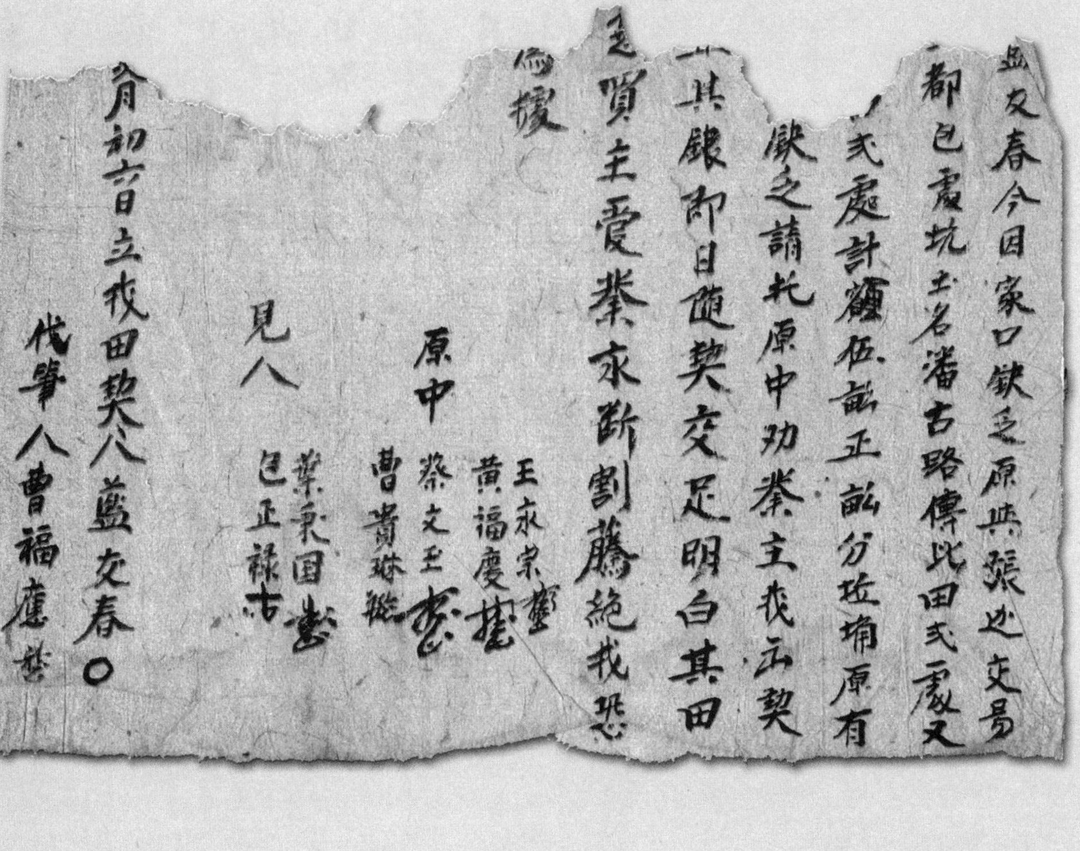

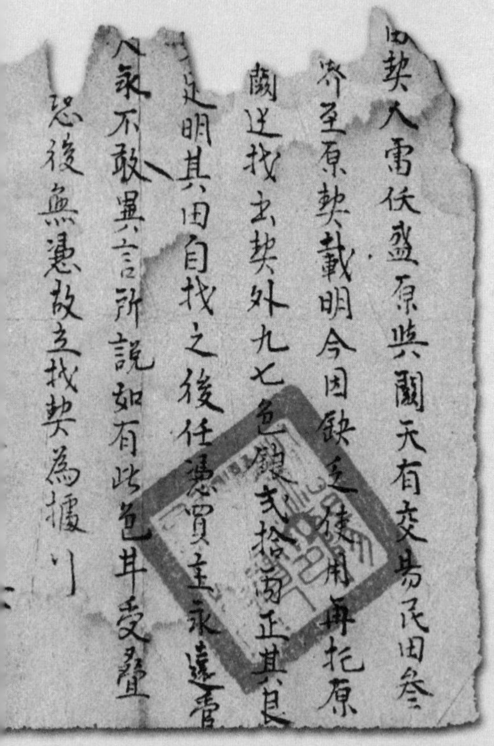

立找絕骨契人藍友春，原與張邊交易民田壹處，䢺分坵角，原有正契載明，今因家口缺乏，自情愿請託原中相勸業住［主］張芳荣找出契外九七呈色银貳两伍钱正，其銀即日收足，不欠分厘，其田自找之後，永不敢異言，如有自［此］色，找人情愿甘受叠騙之罪，立挖根絕骨找契付與買住［主］永遠為照。

原中　黄福慶

在見　張亦智

□□□□□□年十二月初九日　立找契人　藍友春

代筆人　曹貴琳

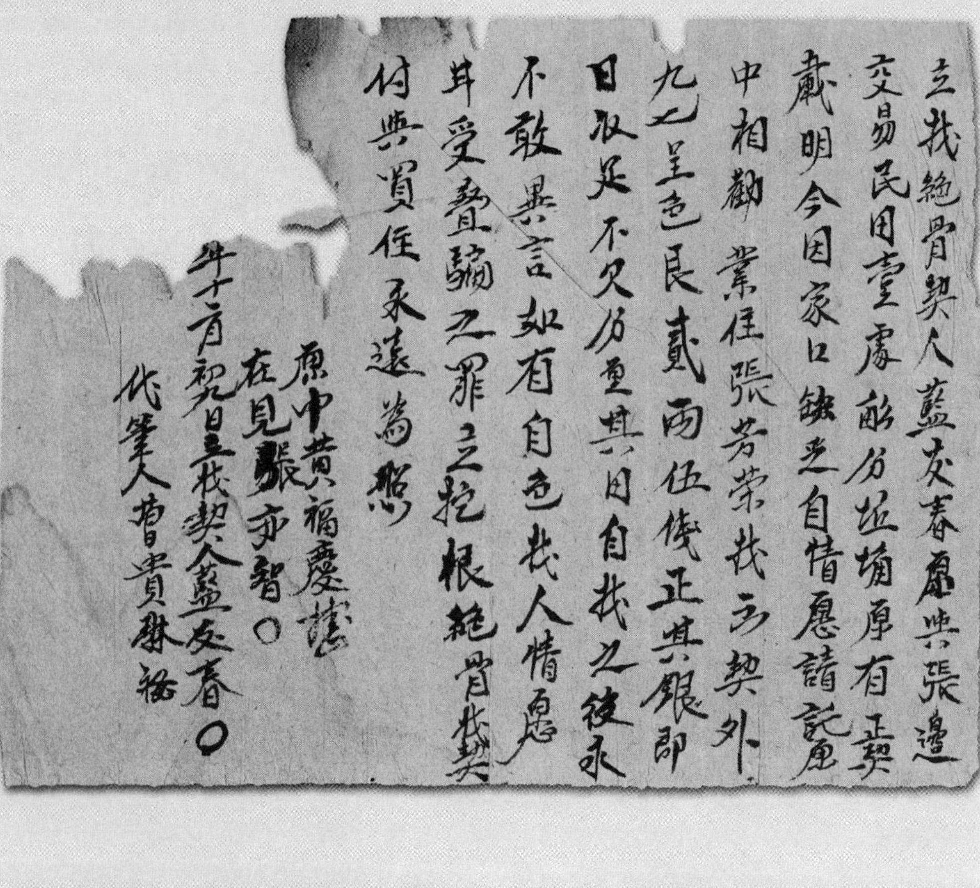

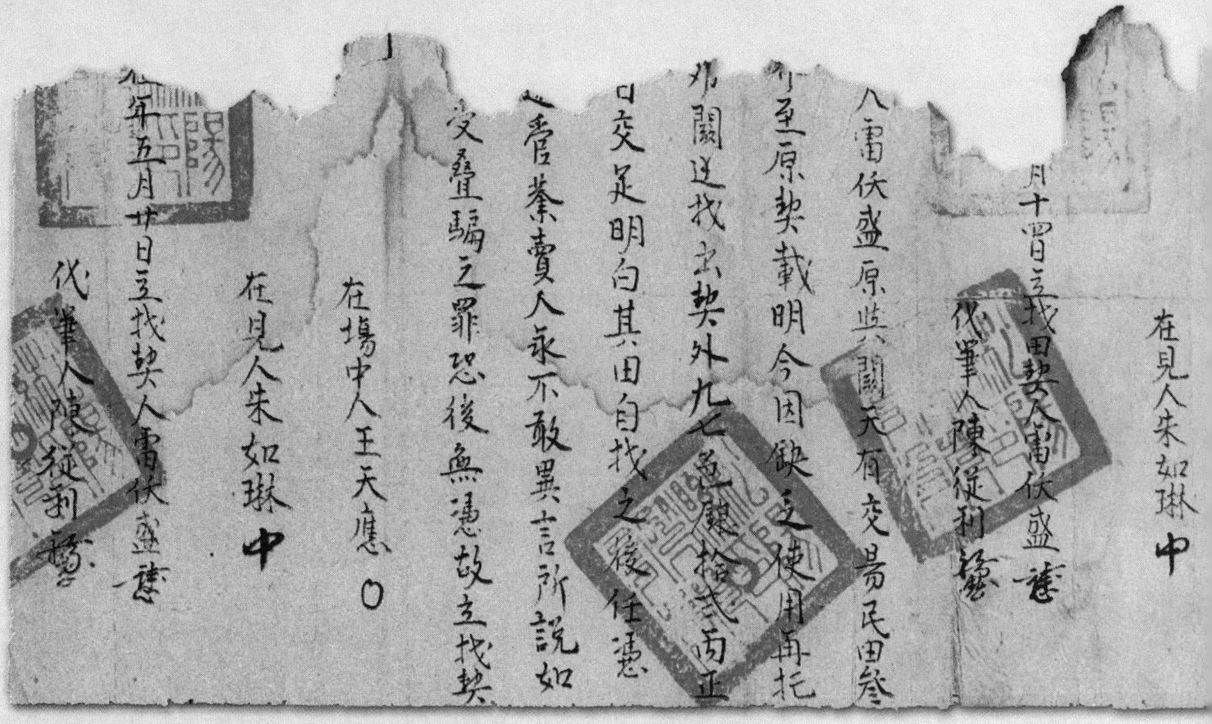

……田契人雷伕盛，原與闕天有交易民田叁
……界至原契載明，今因缺乏使用，再托原
……闕边找出契外九七色銀弍拾两正，其銀
……足明，其田自找之後，任憑買主永遠管
……人永不敢異言，所説如有此色，甘受叠
……恐後無憑，故立找契為據。

在場中人　雷保寿
在見人　朱如琳
……月十四日　立找田契人　雷伕盛
代筆人　陳從利

……人雷伕盛，原與闕天有交易民田叁
……至原契載明，今因缺乏使用，再托
……闕边找出契外九七色銀拾弍两正，
……日交足明白，其田自找之後，任憑
……边管業，賣人永不敢異言，所説如
……受叠騙之罪，恐後無憑，故立找契
……。

在場中人　王天應
在見人　朱如琳
……年五月廿日　立找契人　雷伕盛
代筆人　陳從利

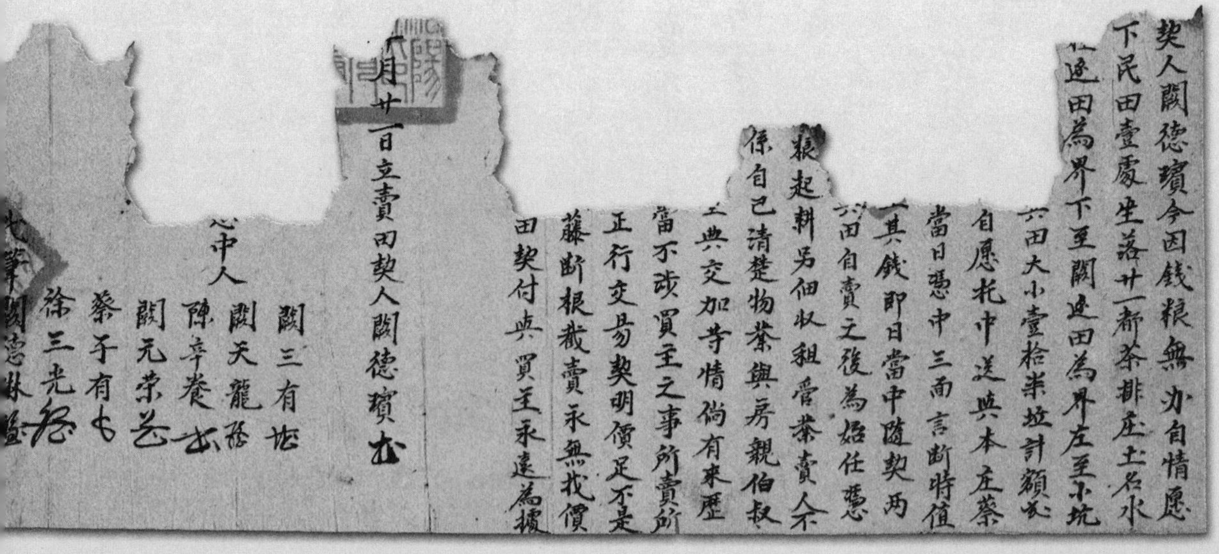

……契人闕德瓊，今因錢粮無办，自情愿
……下民田壹處，坐落廿一都茶排庄，土名水
……边田為界，下至闕边田為界，左至小坑
……共田大小壹拾柒坵，計額弍
……自愿托中送與本庄蔡
……當日憑中三面言断，時值
……其錢即日當中隨契兩
……田自賣之後为始，任憑
……粮起耕另佃，收租管業，賣人不
……係自己清楚物業，與房親伯叔
……重典交加等情，倘有來歷
……當不涉買主之事，所賣所
……正行交易，契明價足，不是
……藤断根截［絶］賣，永無找價
……田契付與買主永遠為據。
……月廿一日　立賣田契人　闕德瓊
闕三有
憑中人　闕天龍
陳辛養
闕元荣
蔡子有
徐三光
代筆　闕德琳

……契人闕魁德，今因錢粮無办，自
……撥民田叁处，土名坐落廿一都高
……田大小貳十七坵，又將荒坪地角一併
……正，上至山徉断山脚為界，下至荒熟
……坑為界，左值山為界，今俱四至分明，欲
……以［與］胞弟魁仁入手承買，当日憑中三面
……色田價紋銀廿四兩正，其銀即日交足明白，
……賣之後，任凴買主照契推收过户
……賣人不敢異言阻当，乃是自
……親叔伯兄弟前来相勸，並無干碍，
…叠交價文墨，如有来歷不明，皆係賣人
……主之事，委寔正行交易，凴［並］無逼勒等情，
……出在两家情愿，各無反悔，自賣之後，任從
……業，賣人永遠不敢異言生端找贖，割藤
……凴，立賣田契為照。

托中　林正兴

在塲母　林氏

……年十一月十三日　立賣田契人　闕魁德

賴登福

王世□

張上殿

本房　魁林

代筆人　葛□裕

□□斷絕山契人闕福揚、壽揚等，今因錢粮無辦，情愿
□□置民山壹處，土名坐落松邑二十一都凹下獅
□□，上至騎馬徑為界，下至高坑石門為界，東
□□洞為界，西至銅坑頂為界，四至分明，共計
□□□正，內除石門山三畝，又除闕丁生住居屋
□□□一畝，仍有一十四畝，托中送與雲邑劉
□□边入手承買，當日憑中面断，時值山價
□□壹十二千文正，其錢即日隨契兩相交訖明
白，不欠分文，其山自賣之後，任憑劉边管業栽插
□□過户，闕边不敢異言阻滯，委係正行交易，不是
□□負債之故，亦不曾重復典當他人財物，仍與上
□□□伯叔兄弟姪人等並無干碍，倘有上首來
□□□係闕边一力支當，不涉買主之事，一賣千
□，□□不留，二比甘肯，兩無逼勒，恐口無憑，立賣断
□□□契為照。

一批隆慶年間老契一紙，又康熙年間老契一紙，又
□□間老契一紙，共契三紙，俱付劉边执照。

憑中見人　王玉斗

□□□□□十六日　立賣断绝山契人　闕福揚

壽揚

代筆人　雷開瑞

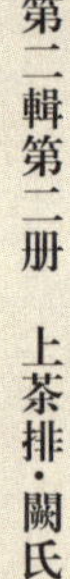

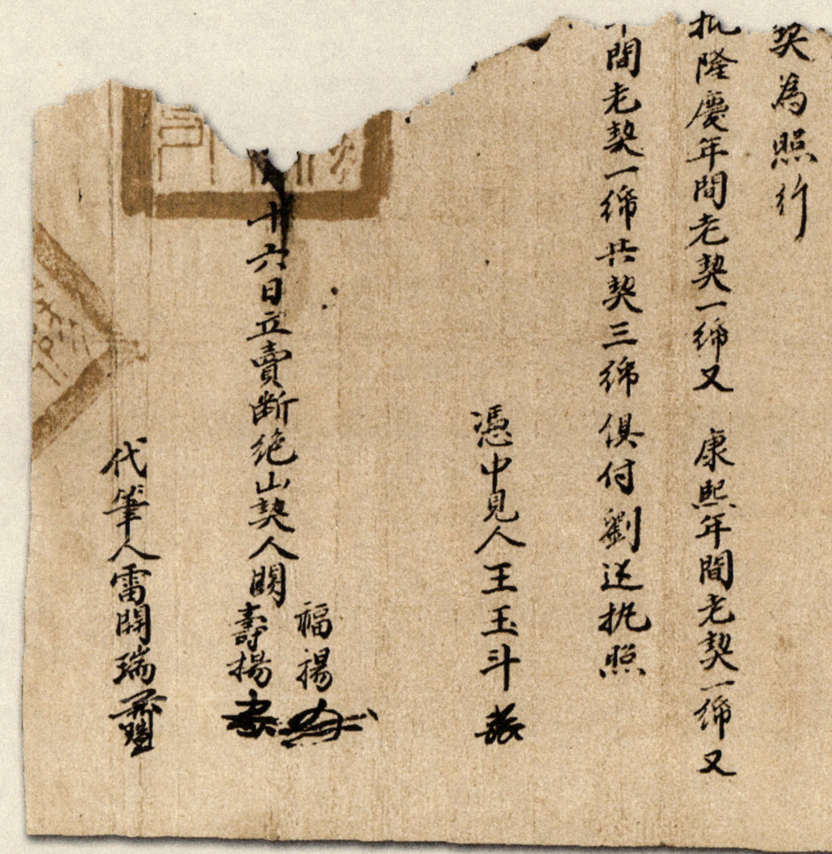

不留二比甘背無異說恐口無憑立賣斷

契為照行

乾隆慶年間老契一紙又　康熙年間老契一紙又

間老契一紙共契三紙俱付劉送執照

憑中見人王玉斗

廿六日立賣斷絕山契人闕福揚　壽揚

代筆人雷開瑞

立出批山塲約字人闕吉匡，今因耕種不便，自情願将祖父遺下民山壹处，坐落廿一都石倉鄉，小土名曹碓寫下山塢，安着其山，東至闕成源山，南至华翠喜山合水，西至隨良路分水，北至闕吉鐸山分水為界，今俱四至（分明），界内山塲自願出批与闕吉然弟边承批耕種，双方托中断定山租雜粿弍八均分，承批人坐八，山主坐弍，日後扦插杉苗四六均分，承批人坐四，山主坐六，其山籙養竹木成林長大，双方邀同砍伐出拚，其山自批之後，任憑承批人闬山耕種，山主無得異言，两相（情愿）等情，各無反悔，恐口难信，故立出山塲批約字為据。

一批其山的限叁拾捌年完满後作廢，交還山主，不得行用，再照。

公元一九五四年甲午岁十二月十六日　故立出批山塲約字人　闕吉匡

原中　王荣根

代筆　闕吉营

立承批山場約字人闕吉然，今因無山耕種，自願向到
本家兄邊承來山場壹處，坐落廿一都石倉衕，小土名曹碓
塢下小塢安着。其山東至闕成源山，南至華翠喜山
合水，西至隨良路分水，北至闕吉鐸山分水為界，今俱四
至界內山濠，自願向與闕吉匡兄邊批來耕種，雙方托中
斷定山租雜糧，以八均分，承批坐八，山主坐貳。日後扦插
杉苗，四六均分，種人坐四，山主坐六。其杉竹木蓄養成林長大，
雙方邀同砍伐出拼。其山自批之後，任憑承批人開種，承批
人無得異言。兩相情願，各無反悔。恐口難憑，故立承批山場
約字為據。

一批其山雙方願定的限叁拾捌年完滿，此作廢，再批。

公元一九五四年甲午歲十二月十六日　立承批山場約字人闕吉然

在中　王業根

代筆　闕吉營

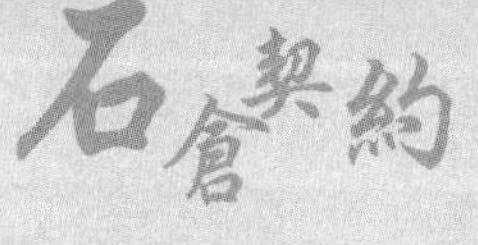

（前頁）>>>>>

立承批山塲約字人闕吉然，今因無山耕種，自願问到本家兄边承来山塲壹处，坐落廿一都石倉鄉，小土名曹碓窩下山塢，安着其山，東至闕成源山，南至华翠喜山合水，西至隨崀路分水，北至闕吉鐸山分水為界，今俱四至，界内山塲自願向与闕吉匡兄边批来耕種，双方托中断定，山租雜裸弍八均分，承批坐八，山主坐弍，日後扦插杉苗，四六均分，種人坐四，山主坐六，其杉竹木簶養成林長大，双方邀同砍伐出拚，其山自批之後，任憑承批人开種，承批人無得異言，两相（情愿）等情，各無反悔，恐口难憑，故立承批山塲約字為据。

一批其山双方願［约］定的限叁拾捌年，完満後作廢，再照。

公元一九五四年甲午岁十二月十六日　故立承批山塲約字人　闕吉然

原中　王荣根

代筆　闕吉营

立敨送过户票人胡士進，原上年交易民田五分正，令将念一都夫人殿庄、胡世生户内撥五分，敨闕其兴户完粮，胡边不敢異言，故立送票為照。

乾隆十一年十月刀〔初〕八日　立敨送过户票　胡士進

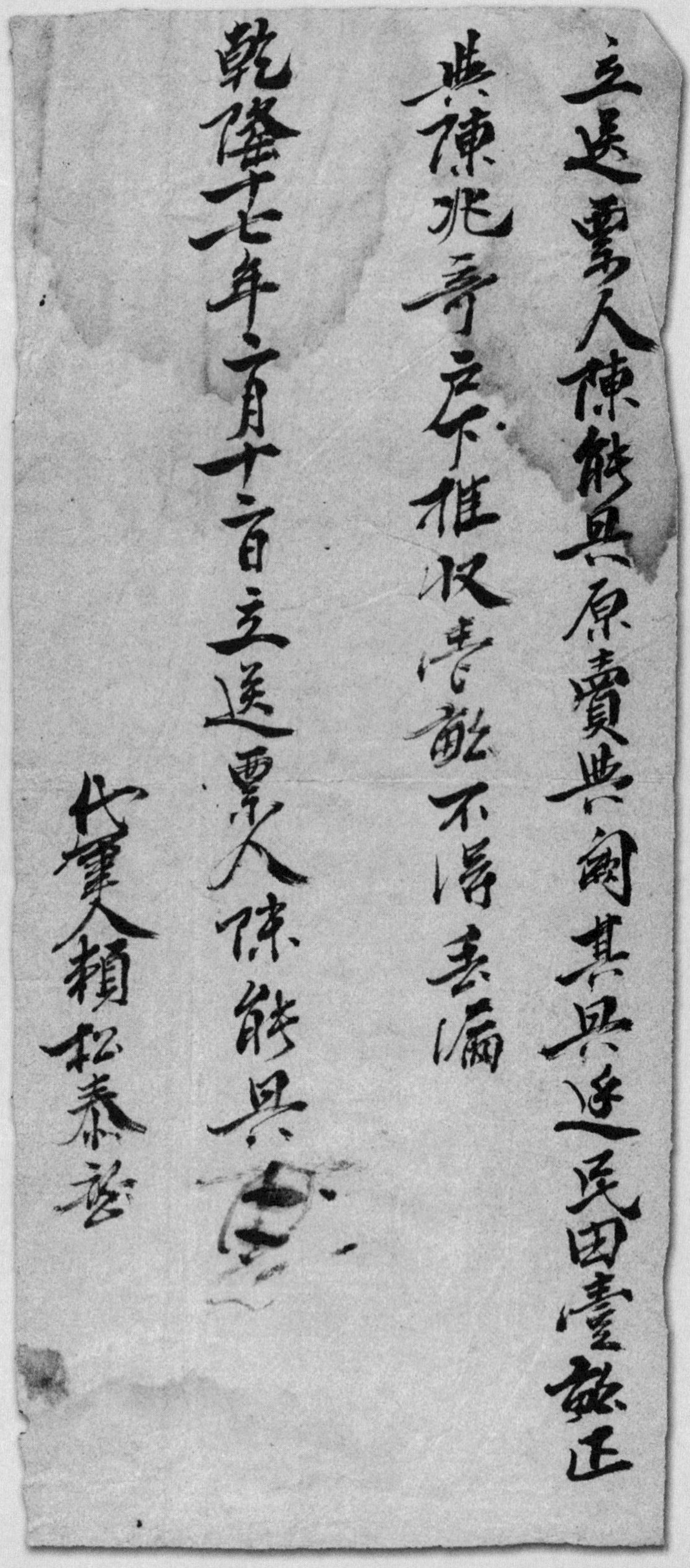

立送票人陳能兴，原賣與阙其兴边民田壹畝正，與陳兆奇户下推收壹畝，不得丢漏。

乾隆十七年二月十二日　立送票人　陳能兴

代筆人　賴松泰

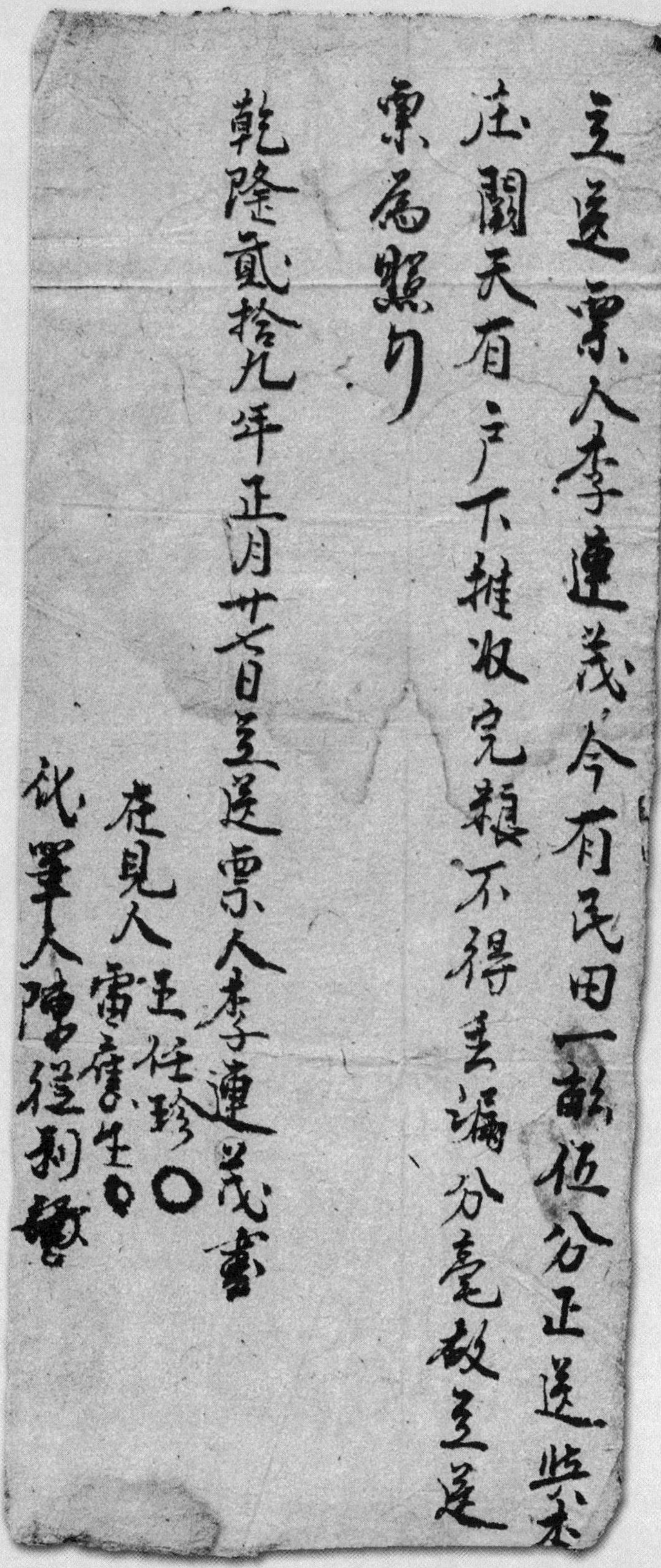

立送票人李連茂，今有民田一畝伍分正，送與本庄闕天有户下推收完粮，不得丢漏分毫，故立送票為照。

乾隆貳拾九年正月廿七日　立送票人　李連茂

在見人　王任珍

雷應生

代筆人　陳從利

立送户票人程良福，原与阙天有交易民田壹畝五分正，与东门下馬庄程登連户下推收，不得丢漏，立送票为照。

乾隆弍拾九年十月十六日　立送户票　程良福

在見　胡春仁

代筆　賴松泰

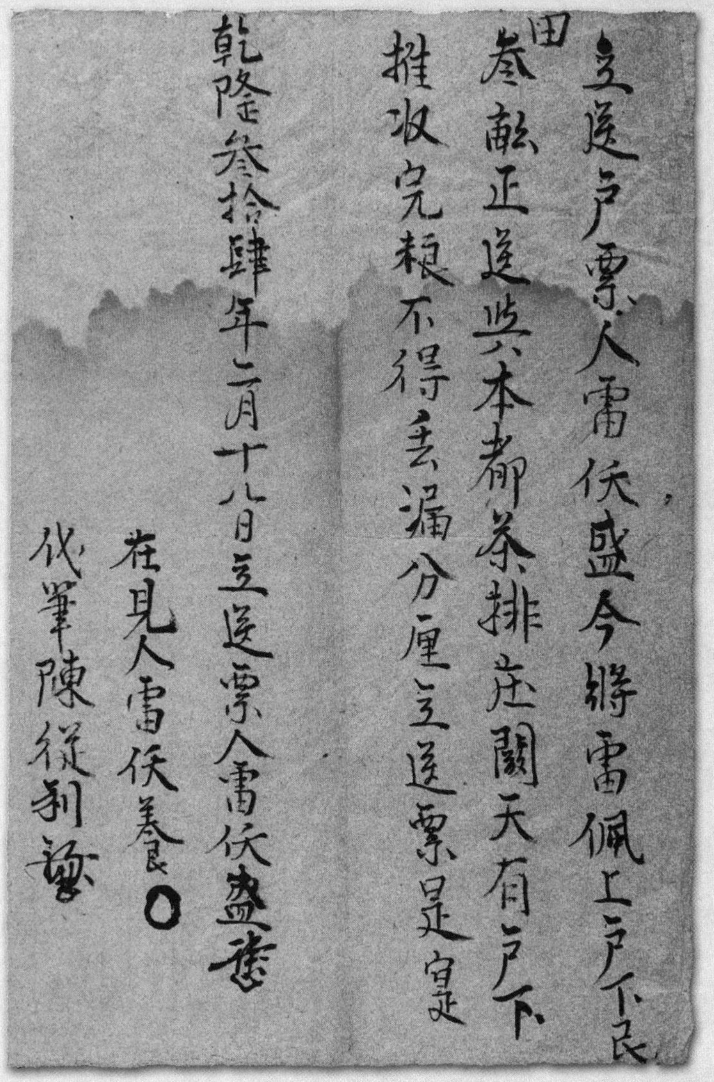

立送户票人雷伕盛，今将雷佩上户下民田叁畝正，送與本都茶排庄闕天有户下推收完粮，不得丢漏分厘，立送票人是寔。

乾隆叁拾肆年二月十八日　立送票人　雷伕盛

在見人　雷伕養

代筆　陳從利

立送過户票人巫廷候，原有民田壹畝九分四厘正，坐倉源頭庄，起入李秉龍户内完納，不得丢漏，恐口难凴，故立起入票人　巫廷候立送户票人葉東生，今有玉生、富生二户民田，共伍分正，送與本都本庄闕天有户下推收過户，入册完粮，不得丢漏分厘，立送户票為用。

乾隆四十七年二月初五日　立送票人　葉東生

在見兄　龍生

代筆　胡海山

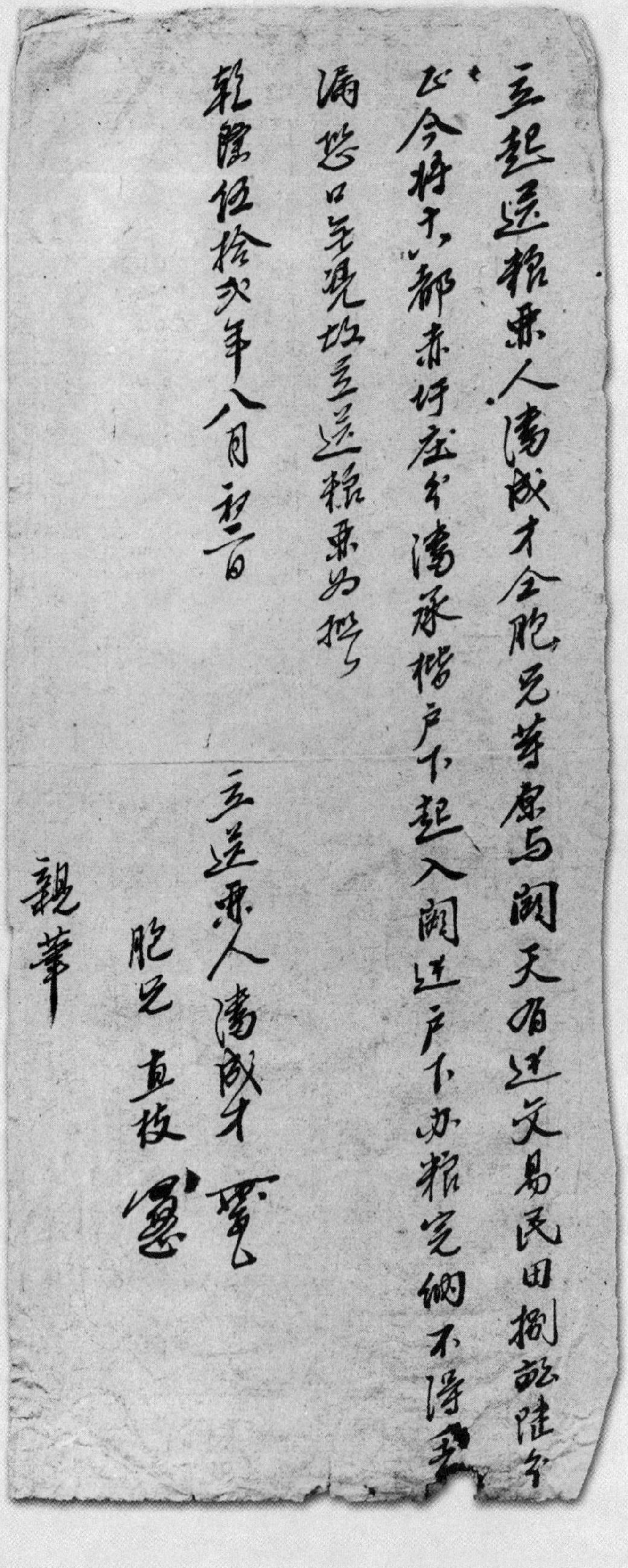

立起送粮票人潘成才仝胞兄等，原与阙天有边交易民田捌畝陆分正，今将十八都赤圩庄分潘承楷户下，起入阙边户下，办粮完纳，不得丢漏，恐口無凴，故立送粮票为據。

乾隆伍拾弍年八月初二日　立送票人　潘成才

胞兄　直枝

親筆

立送票人何天奉，原與闕天有……田，坐落十九都水南庄，今將何發……下起出田柒分五厘正，收入二十一都……边户下入册办粮，無得丢漏，恐口难……為照。

乾隆五十三年十一月廿八日　立送票人　何天奉

見□　□□□

代筆　□□□

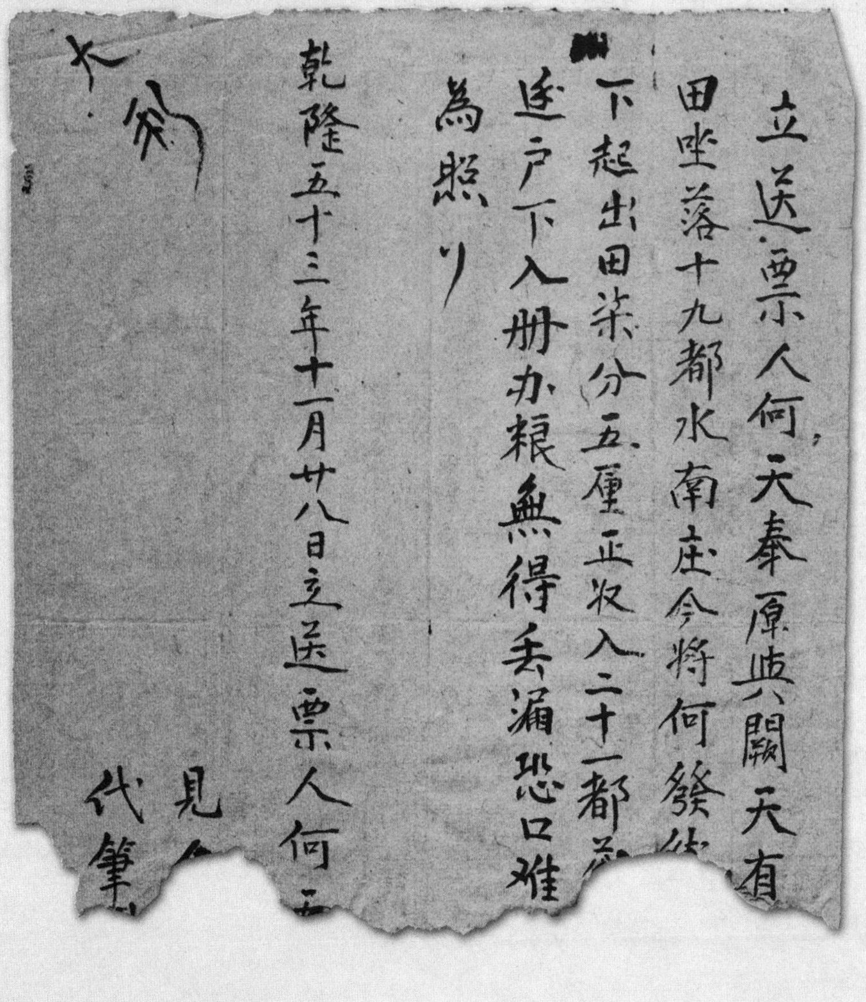

立送户票賴學富，原與闕永山交易民田壹契，
愿将賴其耀起額七分正，推本都本庄買主
户下入册办粮，不得丢漏，恐口無凴，立送户
票字為照。
乾隆伍十三年拾弍月念四日　立送票　賴學富
代筆　闕萬瑜

立送户票闕天富，今有天林户下田四分正，送與本家天有兄弟四人户下入册办粮，不得丢漏分毫，立送户票是實為用。

乾隆六十年十二月初九日　立送户票　闕天富

代筆　德琳

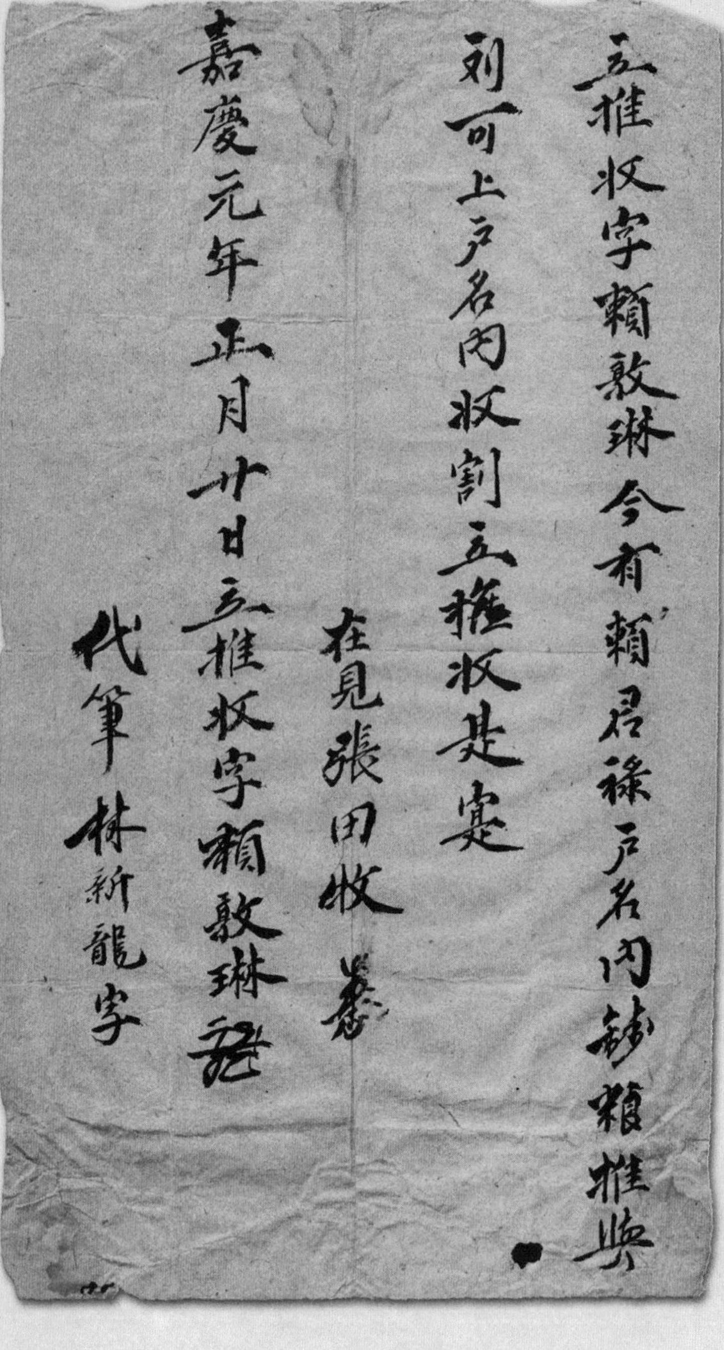

立推收字賴敦琳，今有賴君祿戶名內錢粮，推與刘可上户名内收割，立據收是寔。

在見　張田牧

嘉慶元年正月廿日　立推收字　賴敦琳

代筆　林新龍

立收字人馮招宝，今因收得李松养松樹岗田價銅錢，一足收清，不敢異言，日後不得與言識忍［認］，恐口难信，立收字為據。

嘉慶陸年十二月廿六日　立收字人　馮招宝

見字　闕學賢

代筆　闕振豐

立送户票胡增山，今因與阙天闲交易水碓一契，愿将胡上选碓粮推出買主户下入册，办粮完纳，不得丢漏，恐有难信，立送票为照。

嘉慶八年正月廿四日　立送票　胡增山

代笔　阙萬瑜

立送過户票人吳貴林〔琳〕，今田民山粮四畝正，廿一都夫人庙庄，送與本都茶排庄闕天閙户下入册办粮，不敢丟漏分厘，立送過户票為照。

在塲見人　胡学荣

嘉慶捌年五月初七　立送過户票人　吳貴琳

代筆人　闕正兴

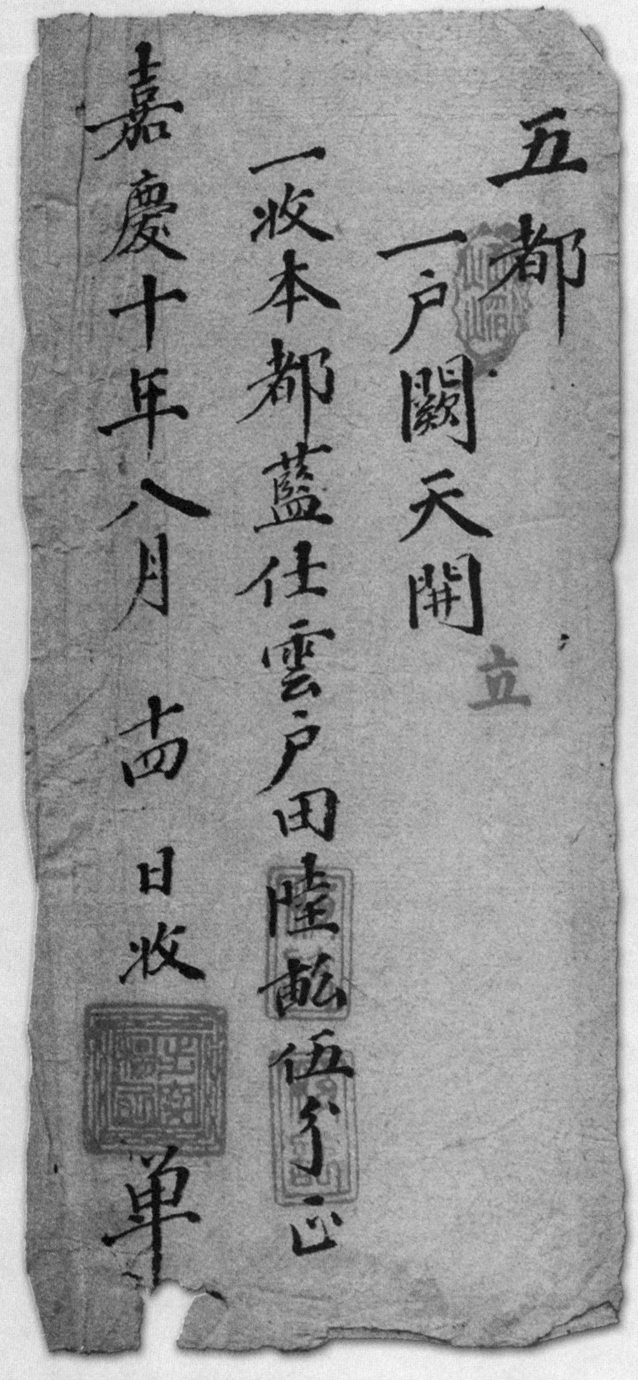

五都

一户闕天闬

一收本都藍仕雲户田陸畝伍分正。

嘉慶十年八月十四日　收　單

立撥字人賴春泰父子等，今因闕氏缺少飯食，自情愿将到茶浦章樹頭背賴雷贵住田壹處，併及茶頭，又四方坵田壹坵，又门首田壹坵，自愿撥與闕氏孙丙荣耕種管業养身，房親伯叔兄弟不得異言阻擋，今欲有憑，立撥田字為用。

一批雷貴田租每年倘納租谷肆担七桶正，其如田無租存照。

嘉慶十年十二月初三日　立撥田字人　賴春泰

在塲人　賴登富

賴登進

王德兴

闕學賢

賴兴泰

刘元周

代筆　嚴顯豊

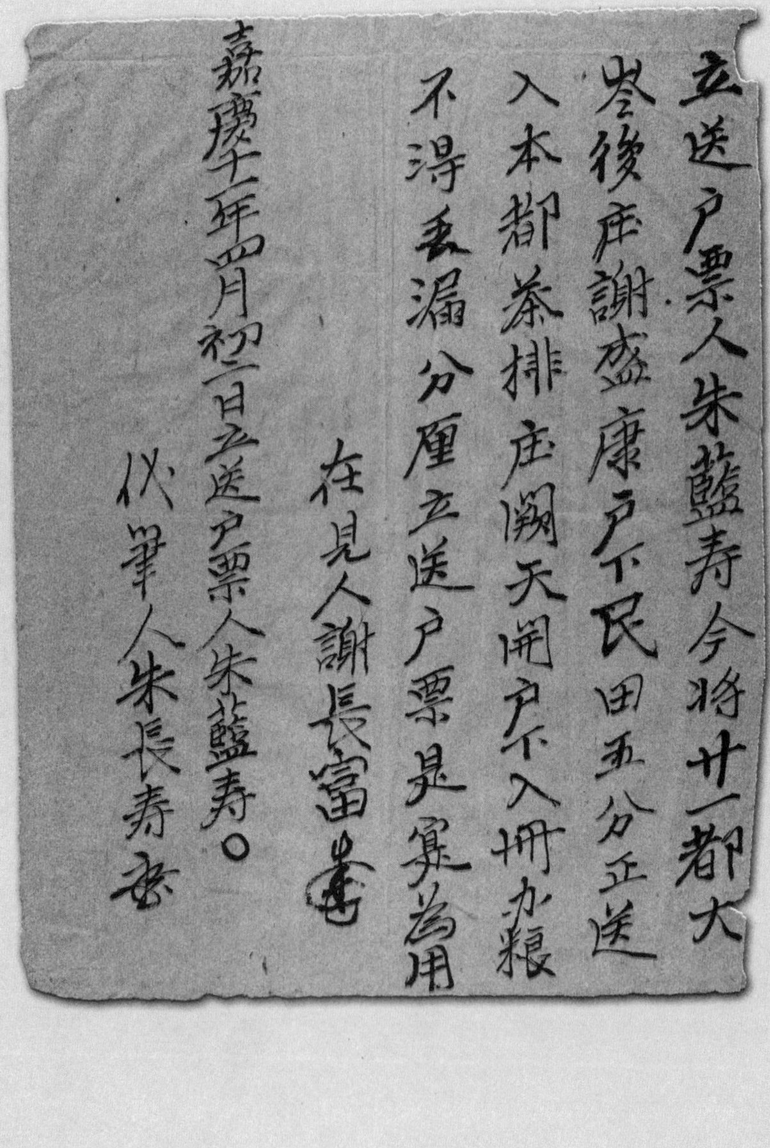

立送户票人朱藍寿，今将廿一都大
岭後庄谢盛康户下民田五分正，送
入本都茶排庄阙天闬户下入册办粮，
不得丢漏分厘，立送户票是寔為用。

在見人　謝長富

嘉慶十一年四月初二日　立送户票人　朱藍寿

代筆人　朱長寿

立送户票人謝長福，今将廿一都大嶺后庄谢亮三户下民田叁分正，送入本都茶排庄闕天闬户下入册办粮，不得丢漏分厘，恐口难凴，立送户票是寔。

在見　馮輝華

嘉慶拾壹年十二月十六日　立送户票人　謝長福

代筆　刘接生

立收錢粮字闕對宗，今來收到闕天闬交易闕永禎户内民田叁畝正，收到十壹年天闬錢粮雜費，一足收清，不涉田主之事，立收字為用。

嘉慶十一年十弍月廿五日　立收粮字人　闕對宗

在見　李天福

代筆　闕庚和

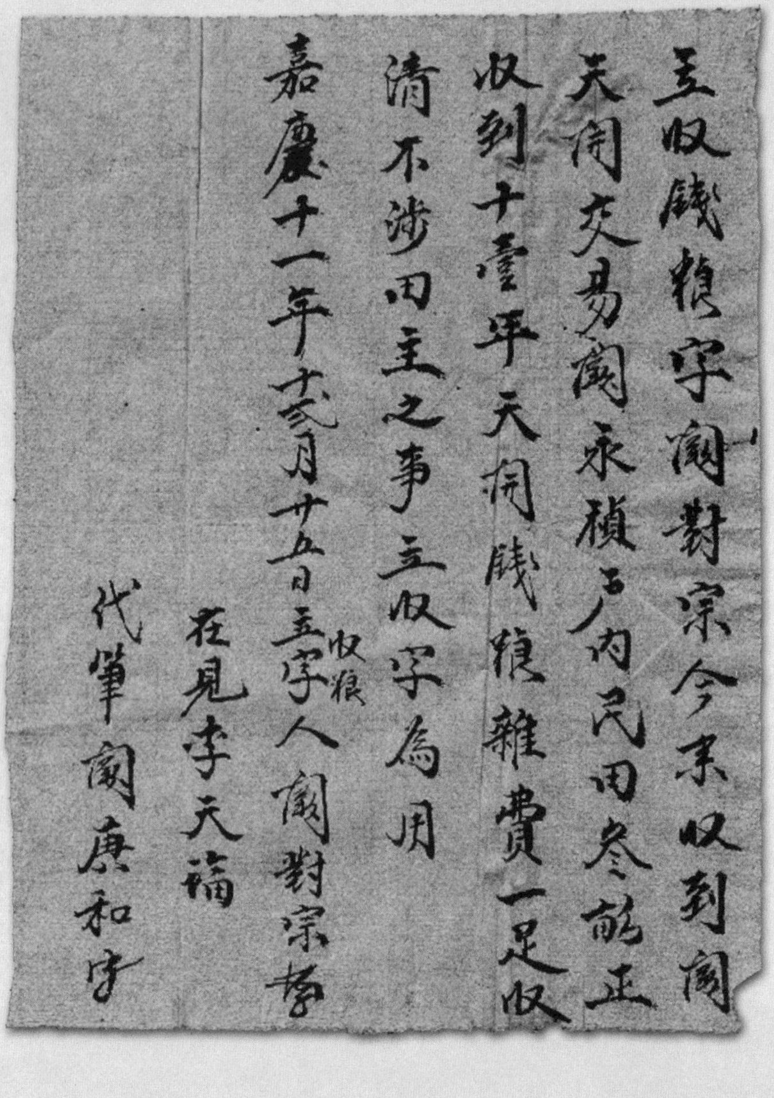

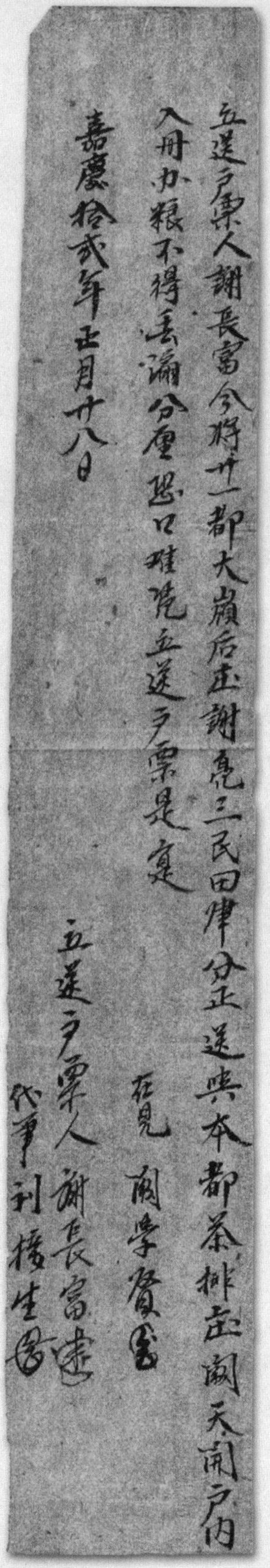

立送户票人謝長富，今将廿一都大嶺后庄謝亮三民田肆分正，送與本都茶排庄闕天開户内，入册办粮，不得丢漏分厘，恐口难凴，立送户票是寔。

在見　闕學賢

嘉慶拾弍年正月廿八日　立送户票人　谢長富

代筆　刘接生

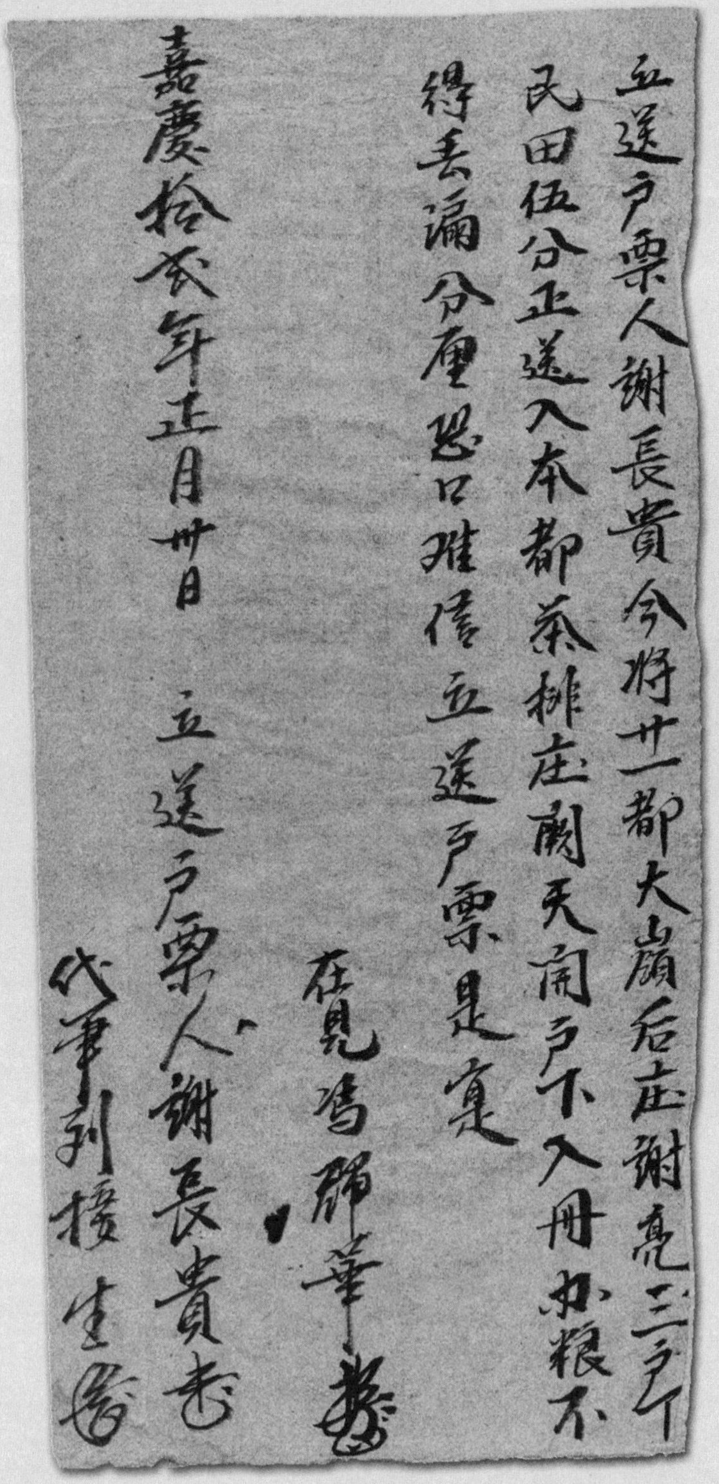

立送户票人謝長貴，今将廿一都大嶺后庄谢亮三户下民田伍分正，送入本都茶排庄阙天闲户下入册办粮，不得丢漏分厘，恐口难信，立送户票是寔。

在見　馮輝華

嘉慶拾弍年正月卅日　立送户票人　謝長貴

代筆　刘接生

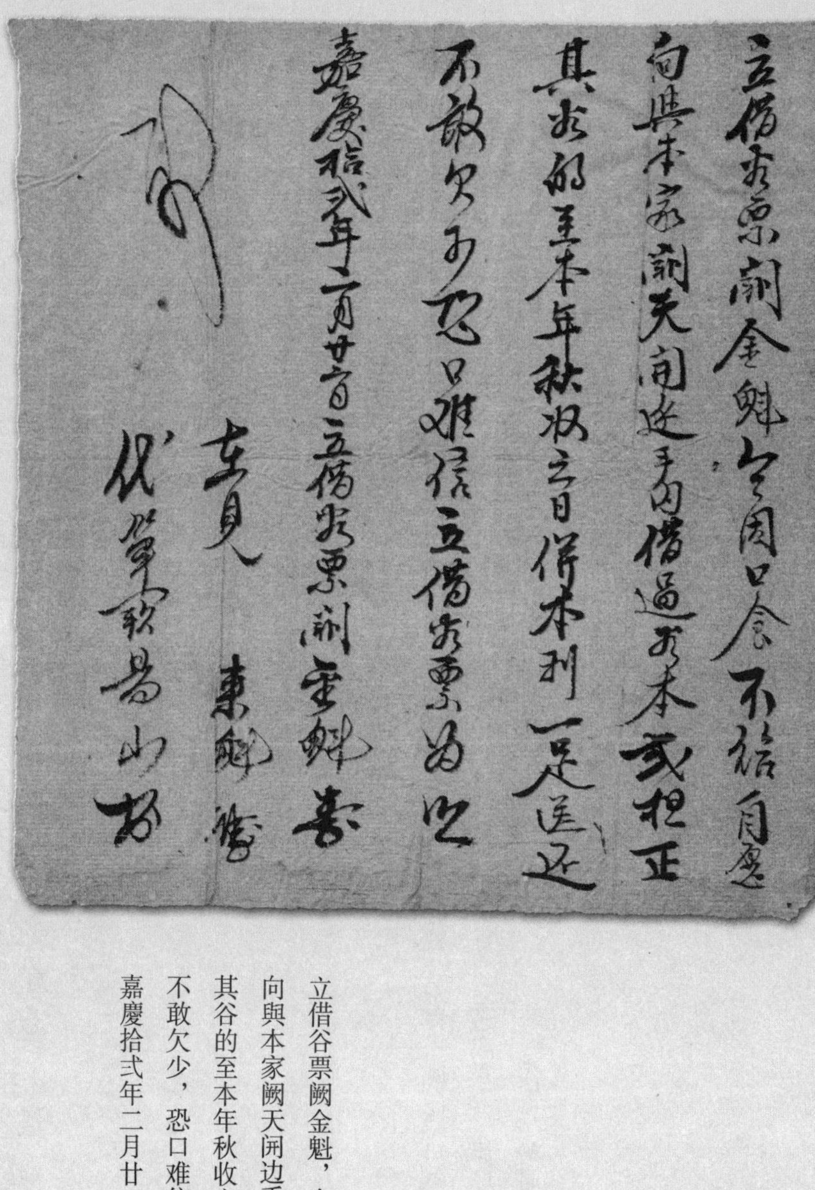

立借谷票闕金魁，今因口食不給，自愿
向與本家闕天閒边手内借過谷本弍担正，
其谷的至本年秋收之日併本利一足送还，
不敢欠少，恐口难信，立借谷票为照。

嘉慶拾弍年二月廿二日　立借谷票　闕金魁

在見　来魁

代筆　闕易山

立送户票人德琮，今因與天開叔交易民田一契，愿将天魁户内起額伍分正，推出本庄買主户内入册完粮，不得丢漏，恐口無憑，立送票為照。

嘉慶十三年九月初七日　立送户票人　德琮

代筆　萬瑜

立送票人劉新永，今將本都夫人廟庄劉啟文户下有民田壹畝五分正，送入本都茶排庄闕天有、天闲户下入册办粮，不得丢漏分厘，立送票是寔。

嘉慶拾肆年玖月拾陆日　立送票　劉新永

代筆　丁光雲

立送户票人闕學賢，今将松邑廿一都夫人庙庄闕新楊户下民田壹畝正，送入本都茶排庄闕天闬户下入册办粮，不得丢漏分厘，立送户票是寔為用。

嘉慶拾肆年十一月十二日　立送户票人　闕學賢

在見　馮輝華

代筆　闕德琳

立送粮票刘有富，今得辛荣户下粮额推出式畝正，收在闕天有户下，入册完粮，不得丢漏等情，恐口难信，立送户粮票为照。

嘉慶十四年十一月廿日　立送粮票人　刘有富

在見　成富

代筆　闕易山

立借谷票人阙廷奎，今因口食不结［給］，自情愿问到天闲叔借出早谷本贰担正，其利依鄉起息，的至来年冬成送还，不敢欠少升合，恐口难信，立借谷票為用。

嘉慶拾伍年十二月廿六日　阙廷奎

在見　張清全

代筆　單正寿

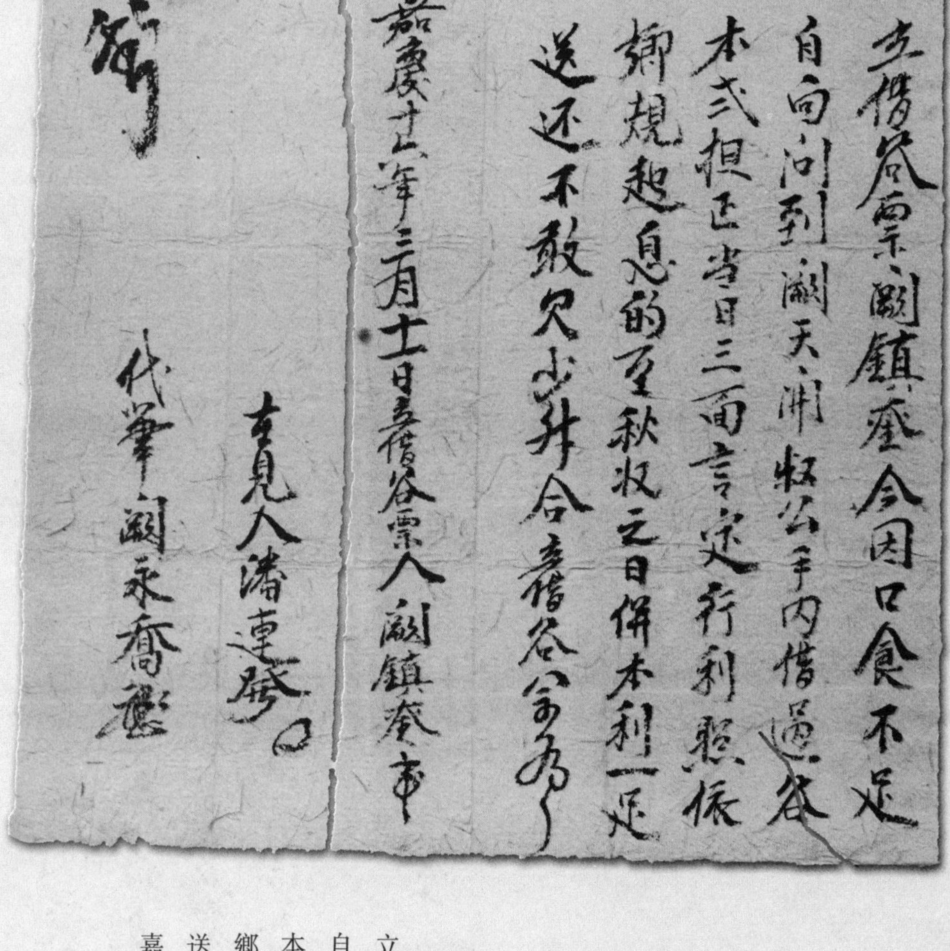

立借谷票闕鎮奎，今因口食不足，
自向问到闕天㑽叔公手内借過谷
本式担正，当日三面言定，行利照依
鄉規起息，的至秋收之日併本利一足
送还，不敢欠少升合，立借谷票为照。
嘉慶十六年三月十一日　立借谷票人　闕鎮奎
在見人　潘連發
代筆　闕永喬

立借錢票人吳開養，今因無錢使用，自情愿问到闕天開手内借過錢本壹千伍百文，其錢三面言断，每千每加弍五起息，的至本冬一足送还，不敢欠少分文，恐口难信，立借钞票为照。

嘉慶十六年三月十一日　立借錢票人　吳開養

在見　吳貴林

代筆　闕接成

立送户票人劉承富，今将新荣户額五分正，推與

本都茶排庄買主户内入册起照為用。

嘉慶十六年十二月廿六日　立送户票人　刘承富

見字　刘有富

代筆　石月才

立借猪本票人李正養，今無猪養，自情
愿問到闕天開手内借過猪本錢五千
肆百文正，其利依鄉起息，的至猪養大
出賣之日，一併本利，一足送还，不敢欠少
分文，恐口难信，立有猪本票為用。
嘉慶拾七年四月十五日　立有猪本票　李正養
在見字人　闕德梅［琦］
親筆字

立送户票人刘承富、仝弟有富，原與闕天有、闲叔边交易本都庄安岱岗门首，田壹項，今将后宅刘新荣户内起出額捌分正，推到茶排庄買主入册办粮完纳，不敢丢漏，恐口無憑，立送户票为照。

嘉慶十七年十月初九日　立送户票人　刘承富

有富

代筆　石月才

立送户票張方荣，今将兆廣户錢粮
叁畝伍分正，推與雲邑五都闕天開户
内完纳，立送户票为照。
嘉慶十八年四月十四日　立送户票　張方荣
代筆　張生湬

立送户票人闕德琮，今有民田廿一都茶排庄荣山户下田叁分正，送與本都本庄天闬户下入册办粮，不得丢漏分厘，立送入户票是寔為用。

嘉慶拾捌年六月初九日　立送户票人　闕德琮

在見　德珻

代筆　闕荣和

立收水粮票人賴登明仝弟登琳兄弟等，原與日先父手先太與刘景端手内交易民田壹契，其前計額五分正，未有過户收割，今来請託親友向到買主手内，以前一應收訖，不少個文，其粮即日面断，將賴君禄户任從買主收入五分正，户下办粮，恐口难信，立收水粮字為照。

嘉慶十八年八月十六日　立收水粮票人　賴登明
　　　　　　　　　　　　　　　　　　　　賴登琳
　　　　　　　　　　　　　　　　　　　　　　華
原中　闕雲龍
在见　闕来魁
　　　賴學興
代筆　石云月

立送户票人周應養，今将廿都树稍庄周應位户下山粮壹分正，收入廿一都茶排庄闕天貴户下入册办粮，不致丢漏，恐口难信，立送户票為照。

嘉慶十九年十二月廿四日　立送户票人　周應養

見人　周應化

代筆　梁祖富

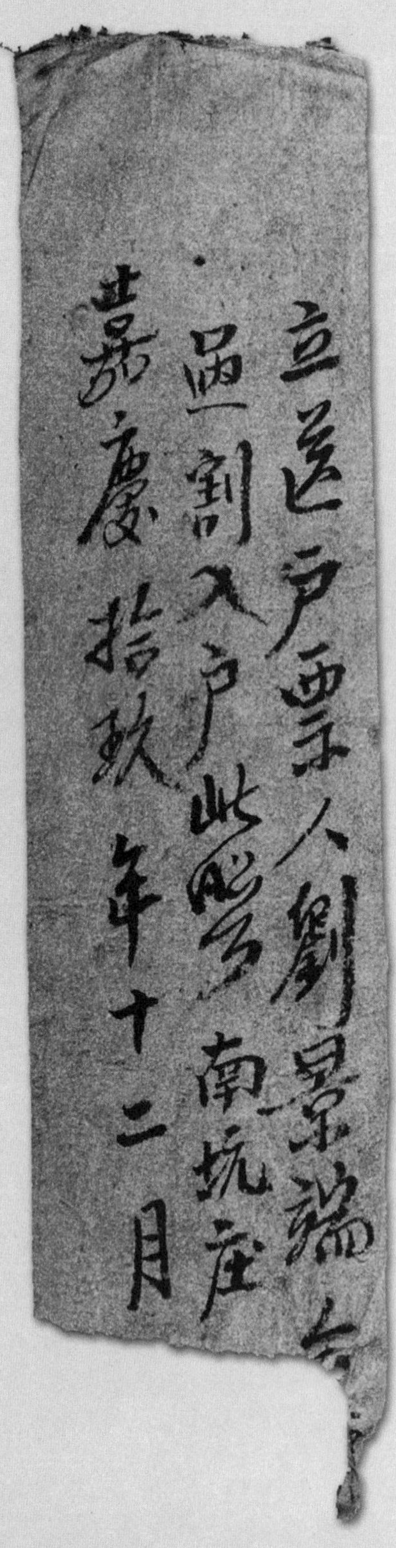

立送户票人劉景端，……

過割入户，此照。南坑庄……

嘉慶拾玖年十二月……

立推簽闞承貴，今将化梅户内錢糧壹畝壹分正，推與闞天闬户内收入，不得丢漏，恐口难凴，立推簽為照。

嘉慶二十年十弍月十六日　立推簽　闞承貴

在見　闞桂發

代笔　李天昭

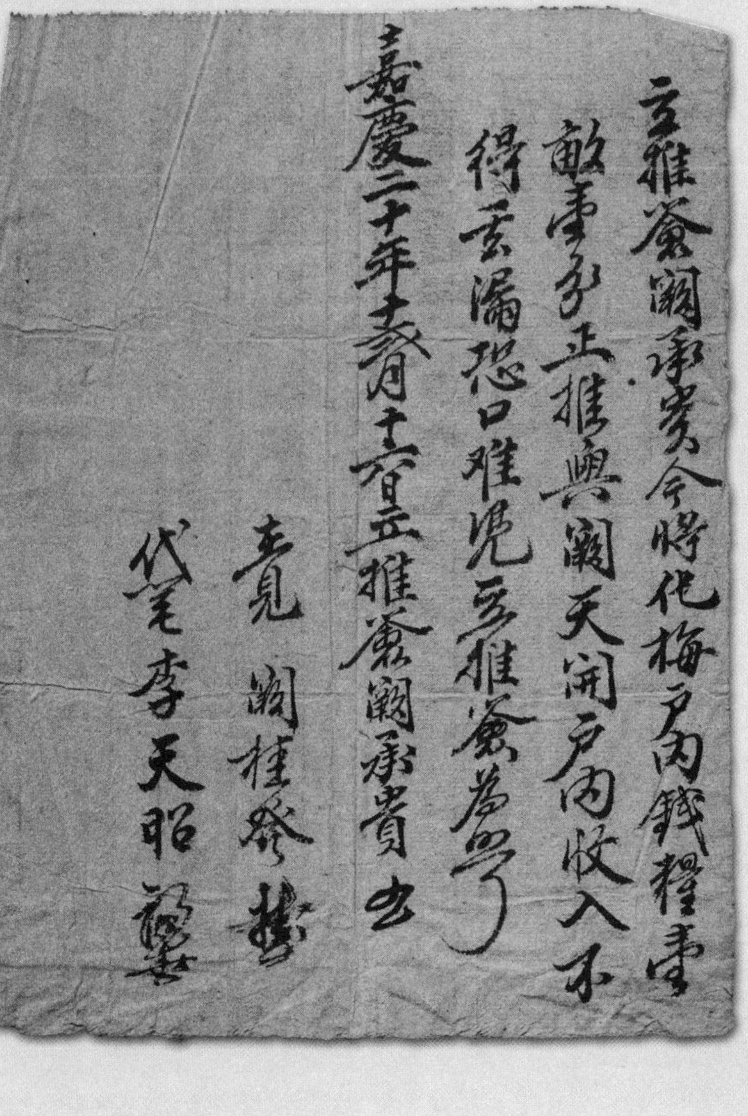

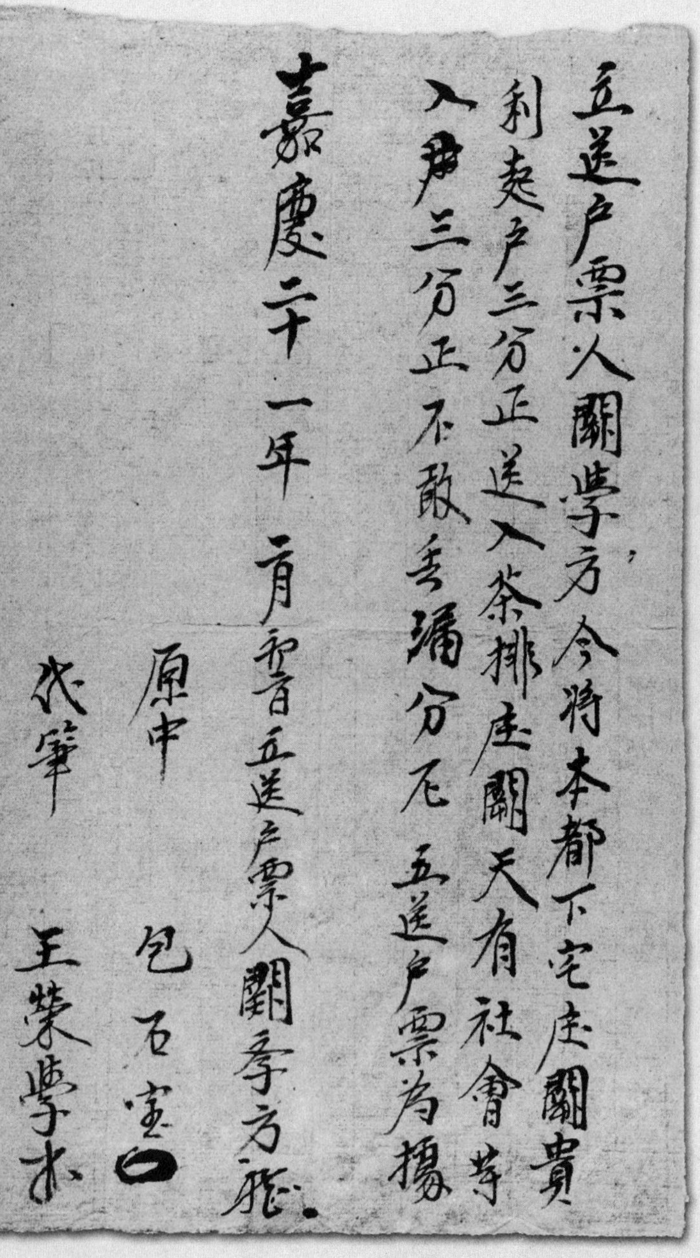

立送户票人闞學方，今將本都下宅庄闞贵
利起户三分正，送入茶排庄闞天有社會等
入户三分正，不敢丢漏分厘，立送户票為據。
嘉慶二十一年二月初二日　立送户票人　闞學方
原中　包石宝
代筆　王榮學

立借票人邱永富，今因乏用，自愿立票向至
闕天有、開兩位叔边借過銅錢壹千文正，其錢即日三面
言断，照依規鄉［鄉規］起息，約至来年冬日并及本利一足
送还，不敢欠少，恐口难信，立借票為據。
嘉慶弍拾壹年十二月初四日　立借票人　邱永富
見票　闕德梅［海］
代筆　鄧天申

立推簽李天貴，今将祖父益龍户内錢粮三畝正，推与闕天開户收入完纳，不得丢漏，恐口難凴，立推簽為照。

嘉慶二十一年十弍月十一日　立推簽　李天贵

在見　李乾光

代笔　李天昭

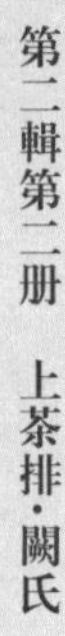

立遏户票李盛和，今将祖
太秉龍户下田，计額壹畝九
分四厘正，退與闕天闲户下入
册办粮，不得丢漏，恐口难凭。
加［嘉］慶廿一年十二月廿日　立遏票　李盛和
見收　喬玑
親筆

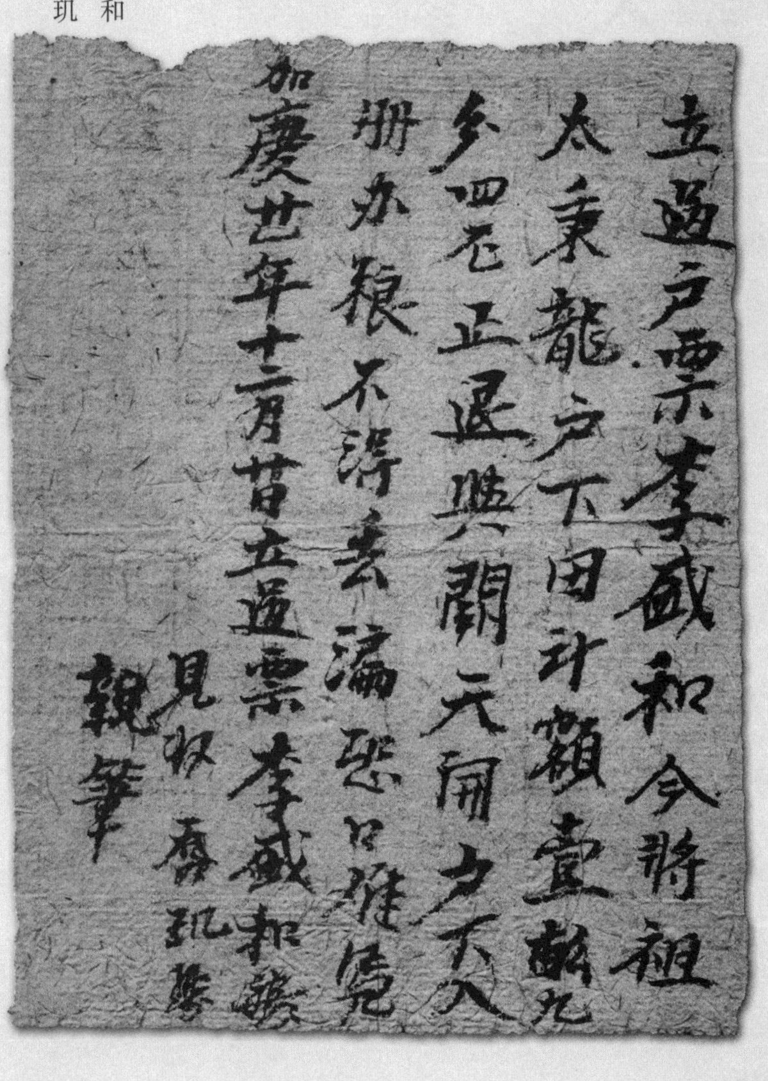

立起送票人葉元宗，今将十八都後畲庄
葉顕時户下田粮五分正，推入二十一都茶排庄
阙天有户下，入册完粮，不得丢漏厘毫，恐口
难信，立起送票為據。
嘉慶廿一年十二月廿五日　立起送票人　葉元宗
見送　鄧天申
代筆男　唐昶

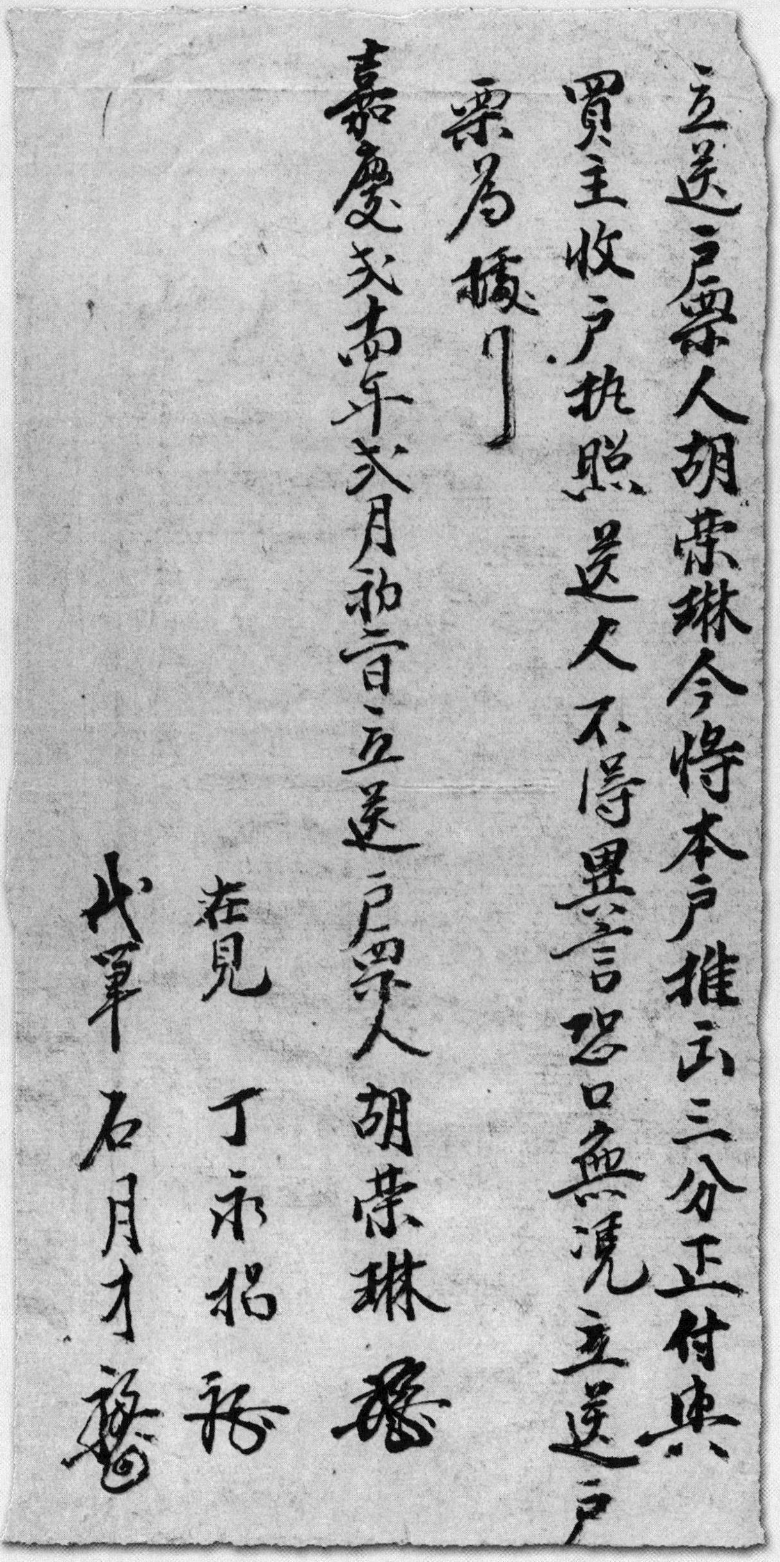

立送户票人胡荣琳，今将本户推出三分正，付與買主收户执照，送人不得異言，恐口無潣，立送户票为據。

嘉慶弍十四年弍月初二日　立送户票人　胡荣琳

在見　丁永招

代筆　石月才

立推收户人張生利，今将松邑廿
一都大岭后庄張生利户下粮叁畝，
送與本都闕其雄、天閅户入册办粮，
不得丟漏，立推收户票是寔。
嘉慶廿四年十一月初二日　立送户票人　張生利
在見胞弟　生財
代筆　侄　石元

立送户票人闞永魁，原與本家天闸叔交易民田壹契，計額式亩正，令将本户起出額式亩正，推入買主户内入册办粮完纳，不敢丢漏分厘，恐口难信，立送户票存照。

嘉慶式拾伍年八月初九日　立送户票　闞永魁

代筆　石日才

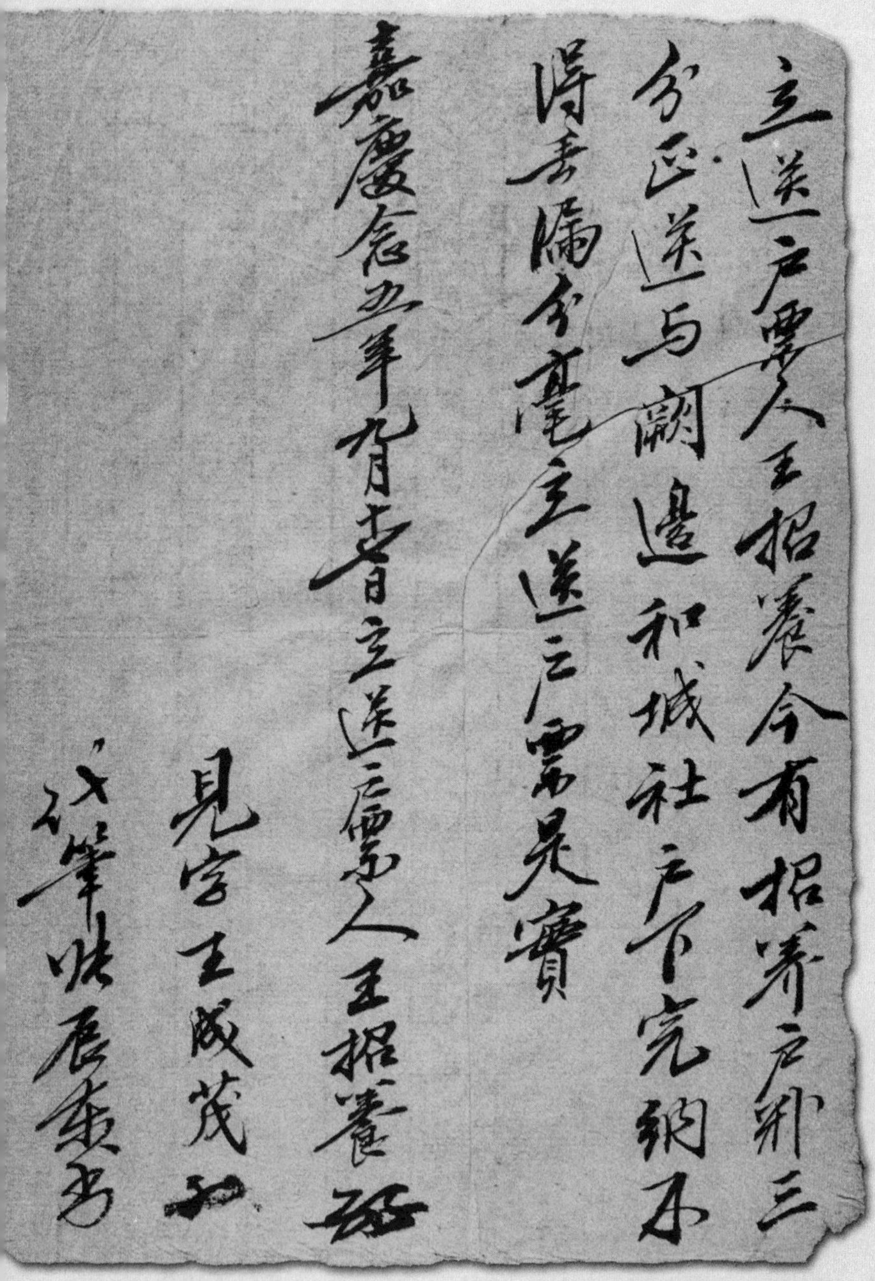

立送户票人王招養，今有招养户粮三分正，送与阙邊和城社户下完纳，不得丢漏分毫，立送户票是實。

嘉慶念五年九月十七日　立送户票人　王招養

見字　王成茂

代筆　张辰东

立送票程雙玉仝侄孫藍發，日先原與闕天開兄邊交易民山，坐落廿一都茶排庄，土名桐坑山塲，計額叁畝正，前已明正交易，今将城東下馬庄程亮忌户起山粮叁畝，入廿一都闕邊办粮管業，不得丢漏，恐口难信，故立送票為據。

嘉慶念伍年拾弍月廿弍日　立送票　程雙玉

仝侄孫　藍發

見字　闕增寿

親筆

立送户票人林佛養，今将己户民山，計額
弍分正，送與本都茶排庄闕天閙户下入
册还粮，不敢丢漏分厘，立送票為據。
道光元年九月廿三日　立送户票人　林佛養
代筆　張新荣

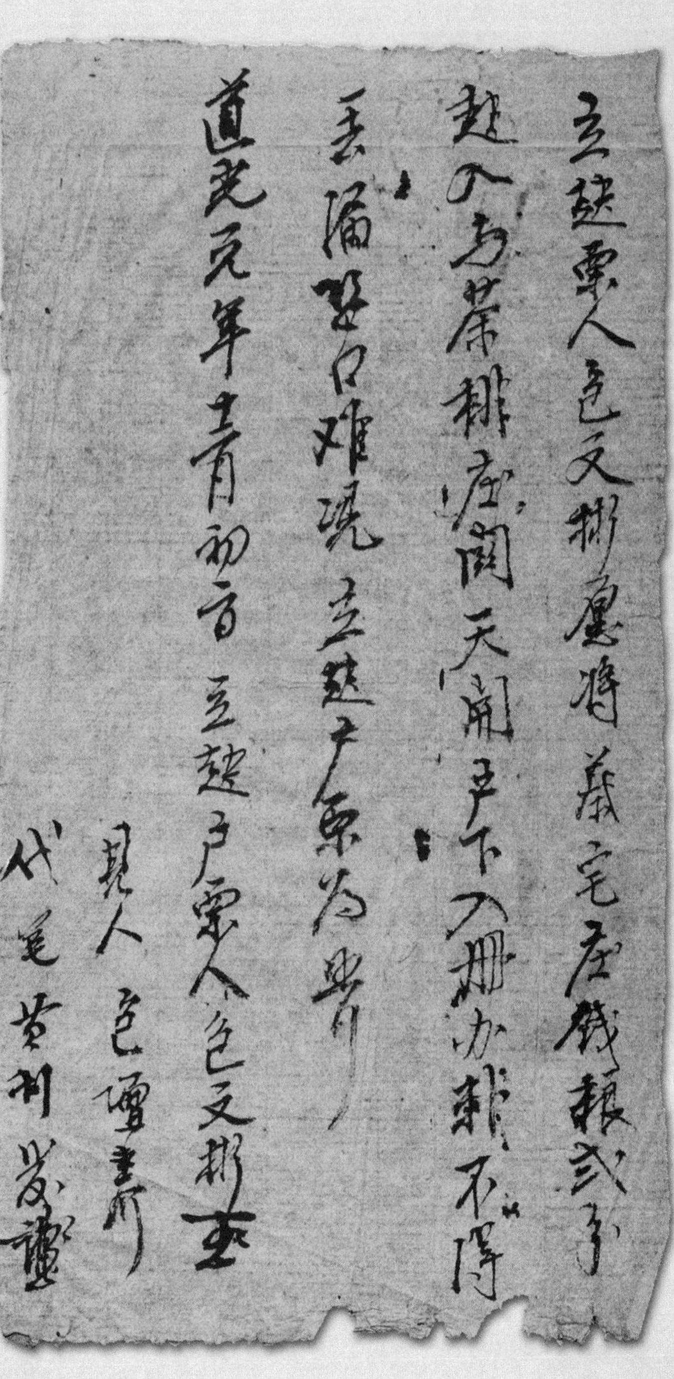

立起票人包文彬，愿将蔡宅庄錢粮式分，起人与茶排庄阙天闸户下入册办粮，不得丢漏，恐口难凴，立起户票为照。

道光元年十二月初二日　立起户票人　包文彬

見人　包增养

代笔　黄利發

立送票程得科等，日先原與闞天闬兄邊交易民田拾畝，今将下馬程元宗户起田壹畝柒分五厘、程宗忌起田壹亩柒分五厘、程得華起田壹亩五分、程才起田弍亩正、程如隆起田弍亩正、程萬桂起田壹畝，共田拾亩正，入廿一都石倉源茶排闞邊入册办粮，毋得丢漏，恐口無憑，故立送票存照。

道光元年十二月二十日　立送票　程得科

見收　程文錢

程蘭發

代笔　程雙玉

立送山户票人葉林桂，今將元道户内起山額式亩正，推入茶排庄闕天闲叔入册办粮完纳，不得丢漏，今恐口（難信），立送户票为用。

道光二年十二月念六日　立送户票人　林桂

代筆　献奎

立送户票人献奎，今将正雄户山粮壹亩，推入本都茶排庄天闲户内完粮，不得丢漏，再照。

道光叁年六月初六日　立送户票　献奎

的筆

立送户票人永魁，今将光奎户内起额式亩正，推入维则堂其雄、天有、永壽等入册办粮完纳，不得丢漏，今恐（難信），立送户票为照。

道光三年四月念六日　立送户票人　永魁

代筆　献奎

立送户票阙永寿，原與天闲叔公交易民田一契，今将夫人庙庄阙永壽本户起粮叁亩伍分正，推與阙天闲户下入册辦粮完纳，不致丢漏，恐口难信，立送户票为照。

道光三年十二月十四日 立送户票 阙永寿
親筆

立送山粮户票人朱寧海，今將有寧海户山粮弍畝，送與本都茶排庄闕天開叔邊入册办粮，不得丢漏，立送户票字為照。

道光四年六月初一日　立送山粮户票人　朱寧海

代筆　张石元

立送户票阙永魁，原與阙天闲交易水塘田壹契，又山壹契，田契计額壹畝五分正，山粮叁畝，今将阙光奎户田壹畝五分，又将阙正雄户山粮三畝，推入茶排庄阙天闲户，入册办粮，不得丢漏，恐口难信，立送户票為照。

道光四年六月初四日　立送户票　阙永魁

的筆

立送户票人郭茂荣仝弟茂才等，
今将顺利户起额壹分正，推入茶排
庄阙天闲户内入册完粮，不得丢漏
异言，今恐口（難信），立送户票为用。
道光四年六月廿二日　立送户票人　茂荣
代筆　献奎

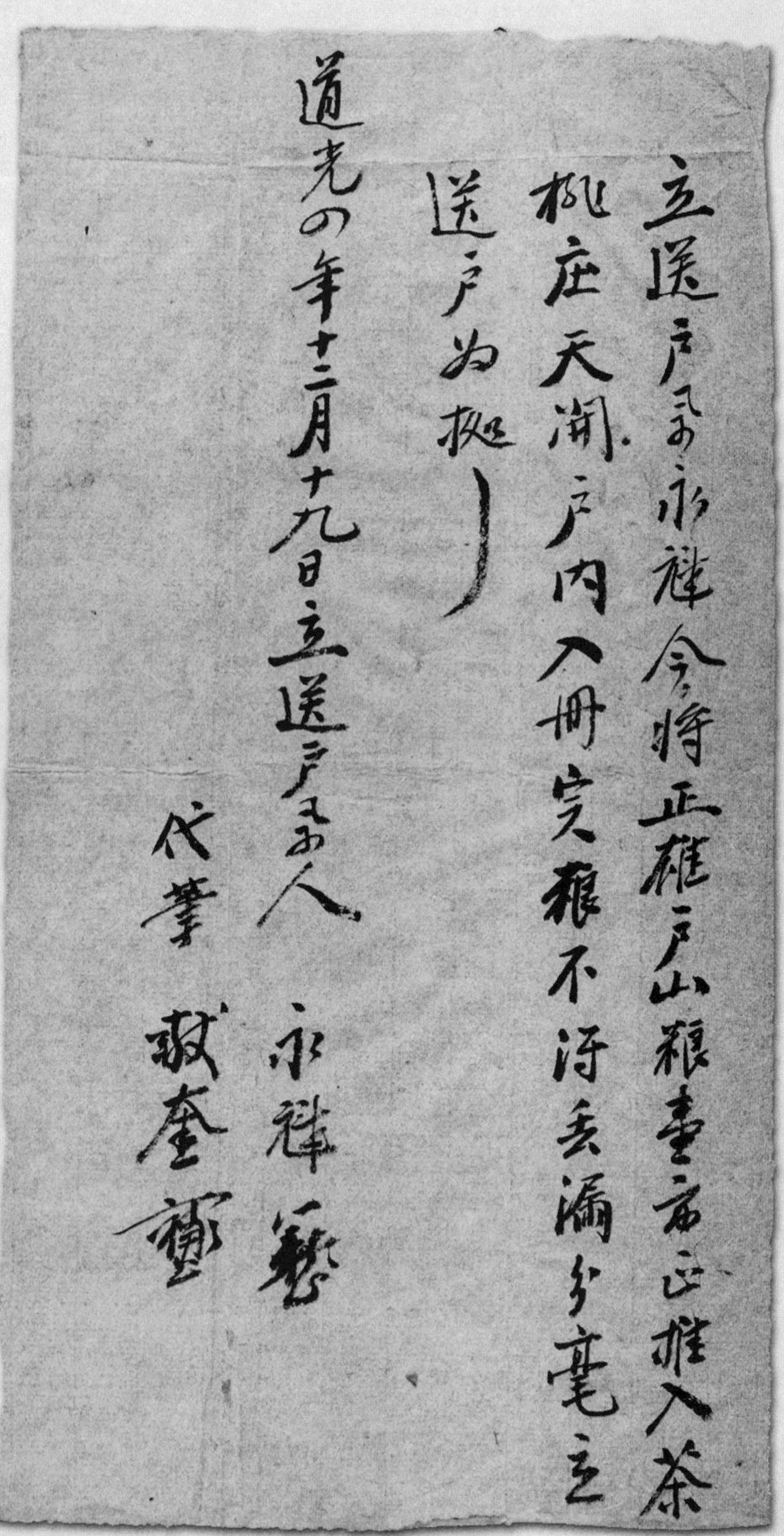

立送户票永魁，今将正雄户山粮壹亩正，推入茶排庄天闲户内入册完粮，不得丢漏分毫，立送户（票）为據。

道光四年十二月十九日　立送户票人　永魁

代筆　献奎

立送户票人張祖瓊，今将雲邑九都羊村庄張其宗户粮弍分正，推與
松邑廿一都茶排庄闕天開親邊入册办粮，不得丢漏，立送户票是寔。
道光八年十二月二十四日　立送户票人　張祖瓊
代筆　張石元

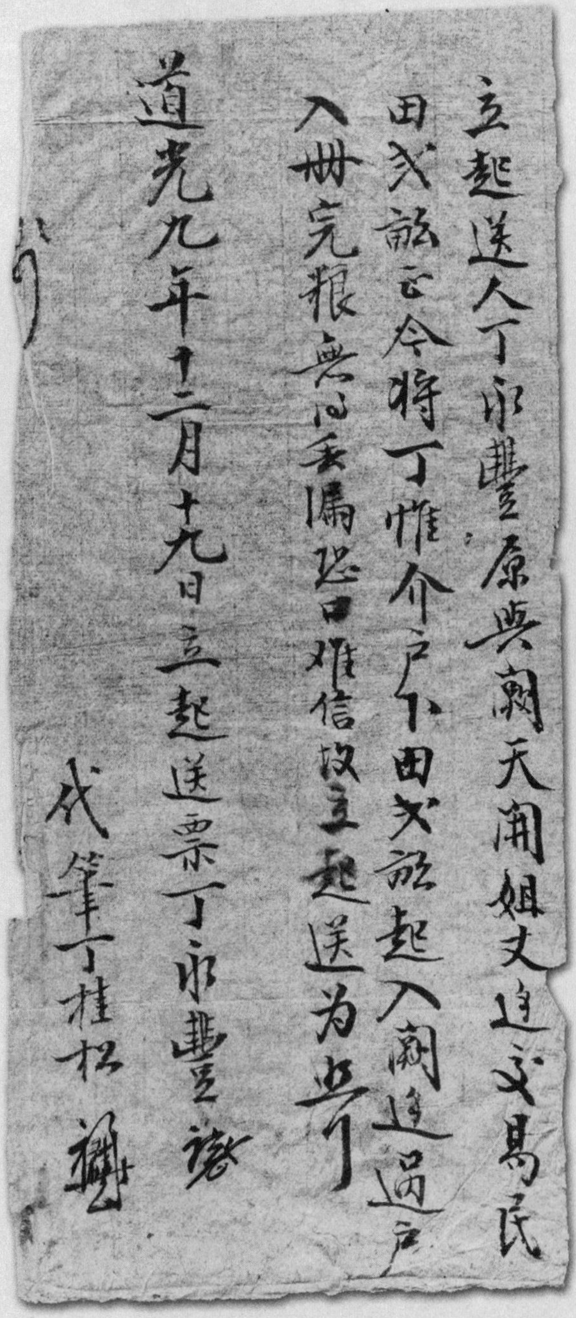

立起送人丁永豐，原與闕天闲姐丈边交易民田式畝正，令将丁惟介户下田式畝，起入闕边過户入册完粮，無得丢漏，恐口难信，故立起送为照。

道光九年十二月十九日　立起送票　丁永豐

代筆　丁桂松

立起送票丁光烈，日先與闞天閈姐丈边交易民田壹畝，今将南濟庄丁荣琜户下田壹畝，起入與闞天閈户下完粮过户入册，無得丢漏，恐口無凴，故立起送票存照。

道光玖年十弍月廿一日　立起送票　丁光烈

親筆

立送票人十八都水南庄沙茶培，原因民田壹畆正，日前與闕天开廿一都收入办粮，日后並無多送少收之理，恐口难信，故立送票为據。

内注沙茶培户下再照。

道光九年十二月廿八日　立送票　沙砿基

代筆　沙文利

立过户票人朱仁佐，今因將父宗玉户内錢粮壹亩正，入典闞翰義、恩户内永遠完纳，日后不得丢漏，恐口難信，故立过户票為用。

道光十年十一月初十日　立过户票　朱仁佐

見过户　朱石富

代筆　潘英才

立送户票人刘永琳，今将二十都大陰庄
刘茂啟户内錢粮撥出叁分正，收入二十一都
茶排庄阙天有户内入册完纳，不得丢漏，
恐口無憑，立送户票為照。
道光拾年十弍月初五日　立送户票人　刘永琳
　　　　　　　　　　　　　　　潘文旺
　　　　　　　　　　　代筆　賴永壽

立送山粮字人林克桂，日先父手置買民山壹处，計額五分正，坐落廿一都夫人廟庄，日前未曾過户，今將上手闕貴利户下粮額，推入本都茶排闕天培、閈二位户内入册完粮，不得丢漏分厘，是實為用。

道光拾一年九月十一日　立送户票人　林克桂

代筆　林永泰

立起送票人二十都横水白峰庄周增潤，原與交易民田壹分正，送入廿一都茶排庄闞天開户下入册办粮，不得丢漏分厘，立送户票是實。

道光拾弍年十一月十弍日　立起送票人　周增潤

代筆人　周增盛

立送户票翰明等，今将其春公户内起出额一分正，推入本庄天闲公户内入册完粮，不得丢漏分毛，此照。

道光十三年三月十九日　立送户票　翰明

代筆　献奎

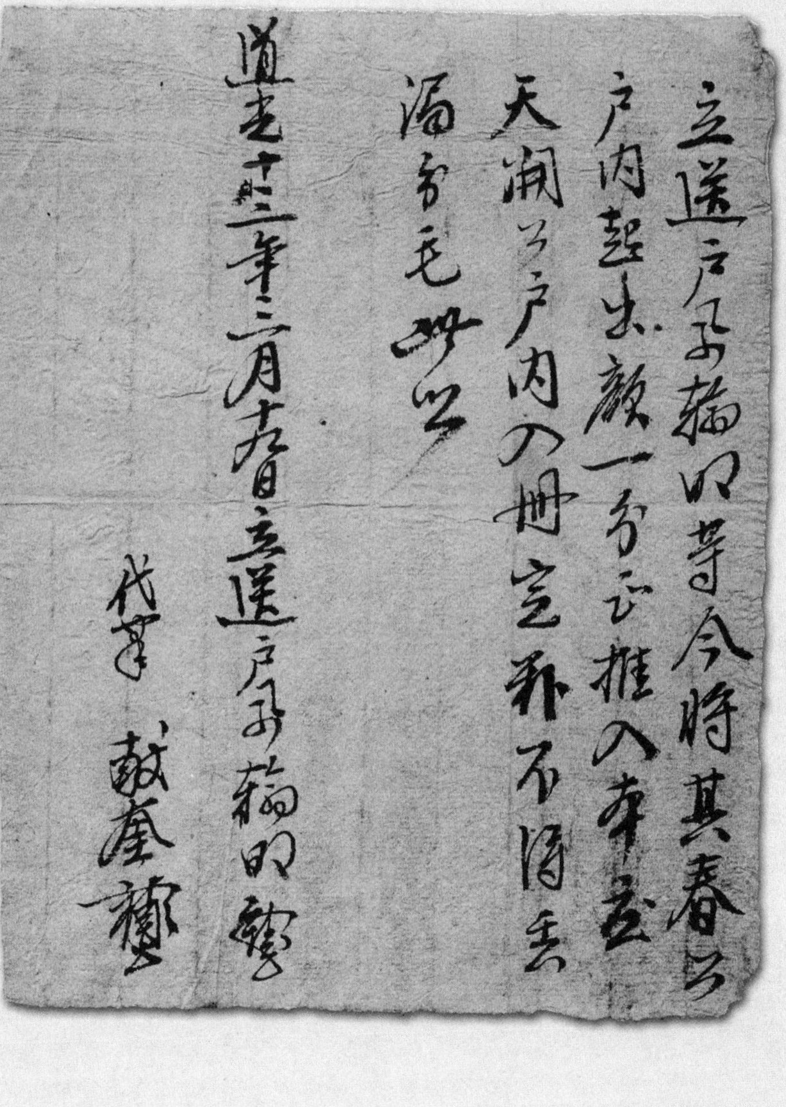

立起送户票賴通良，今將廿一都百步庄賴登元户内起出本都茶排庄

闞德瑛户内入粮貳分正，入册办粮，不得丢漏，恐口难信，故立起送票為照。

道光十三年拾月初六日　立起送户票人　賴通良

見送票　羅有昌

代筆　王有田

立送户票人阙嵩養，今将兄嵩海
户内起出额五分正，推入茶排庄翰
禮户内入册完粮，不得丢漏分毛，
恐口难信，故立送户票为照。
道光十六年十弍月廿四日　立送户票　嵩养
代筆　阙献奎

立起送票人王騰高，日前原与毛
贊鴻边交易名［民］山壹處，其王士亮
户下錢粮伍分與毛邊起入过户，日後不
得丢漏，故立起送票為據。
道光廿二年二月初九日　起送票　王騰高
代筆　丁光浙

立領印契字人闕信奎，今因嘉慶六年
張方荣出賣與闕永魁山契壹纸，領出
闕元慶與葉德荣争山控案呈電，日後
案结清款，将契原手交還闕德理叔邊，
領人不得执留，恐口难凴，立領字為照。

道光廿三年十一月拾二日　立領字人　闕信奎

在見　闕信學

闕麗學

闕翰學

代筆　闕添慶

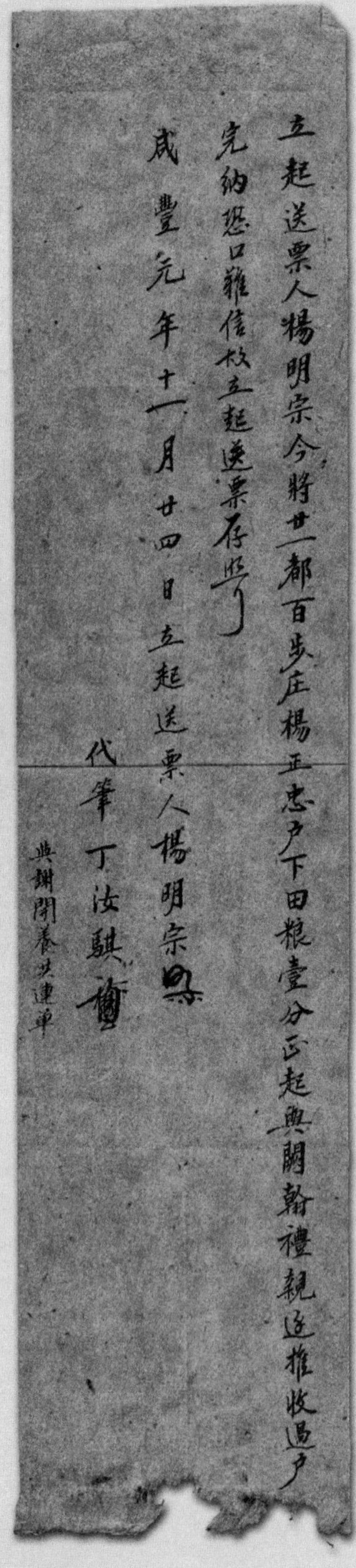

立起送票人楊明宗，今將廿一都百步庄楊正忠户下田粮壹分正，起與闕翰禮親邊推收過户完纳，恐口難信，故立起送票存照。

咸豐元年十一月廿四日　立起送票人　楊明宗

代筆　丁汝騏

與謝開養共連单

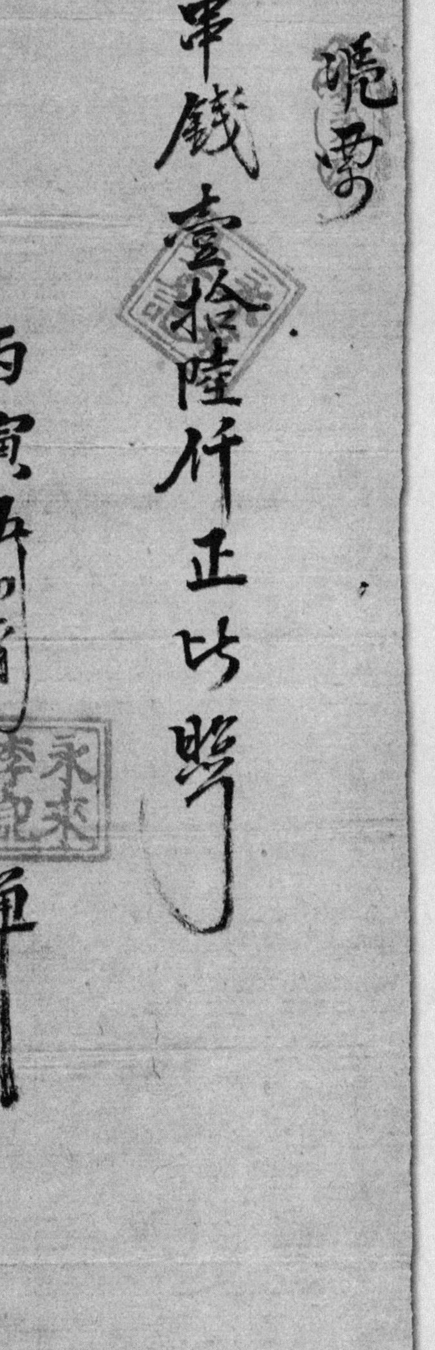

凴［憑］票

付串錢壹拾陸千（文）正，此照。

丙寅五月初六日　永來李記　单

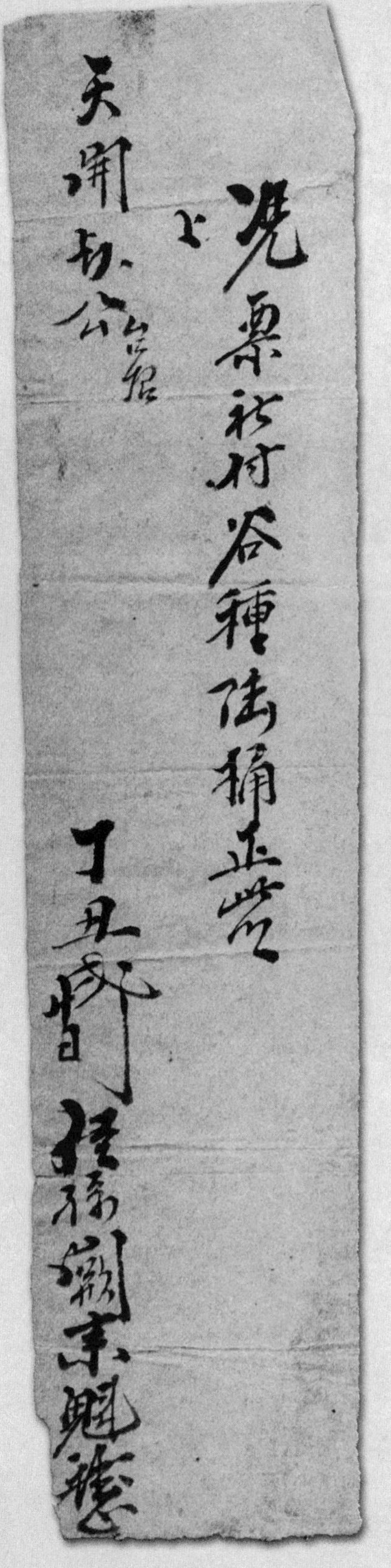

凴票祈付谷種陸桶正，此照。

上

天開叔公　台啓　　丁丑弍月廿日　侄孫阙来魁

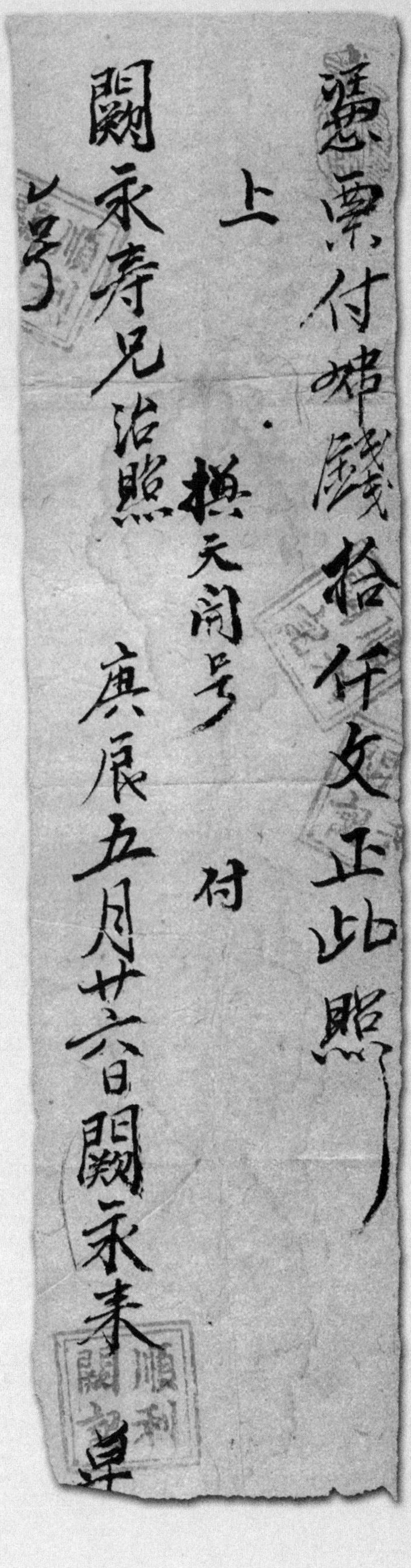

憑票付四串，錢拾千文正，此照。

上　　換天開号　　付

闕永寿兄治［台］照。　　庚辰五月廿六日闕永来 順利闕記 单

一号

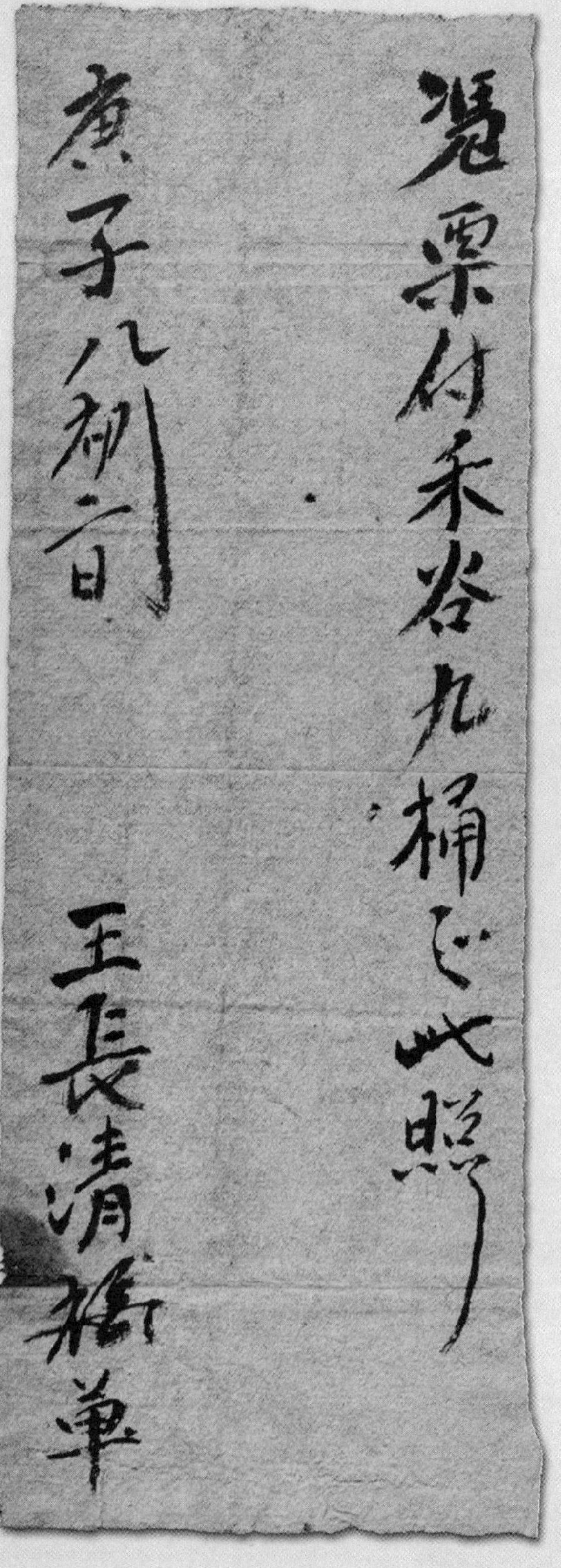

凂票付禾谷九桶正，此照。
庚子八月初二日　王長清　单

下忙執照

處州府松陽縣為徵收地漕事，今據　都粮户　闕志亮　完納
道光拾柒年分下忙正耗銀完　陸錢叁分玖厘　正，
合將版串給發執照，須至執照者。

道光拾柒年　月　日給　尅字第　三百卌一　號

道光拾柒年地漕上下忙共應完銀壹兩貳錢柒分玖厘　合符聯串

上忙執照

處州府松陽縣為徵收地漕事，今據　都粮户　闕志亮　完納
道光拾柒年分上忙正耗銀完　陸錢肆分　正，
合將版串給發執照，須至執照者。

道光拾柒年　月　日給　尅字第　三百卌一　號

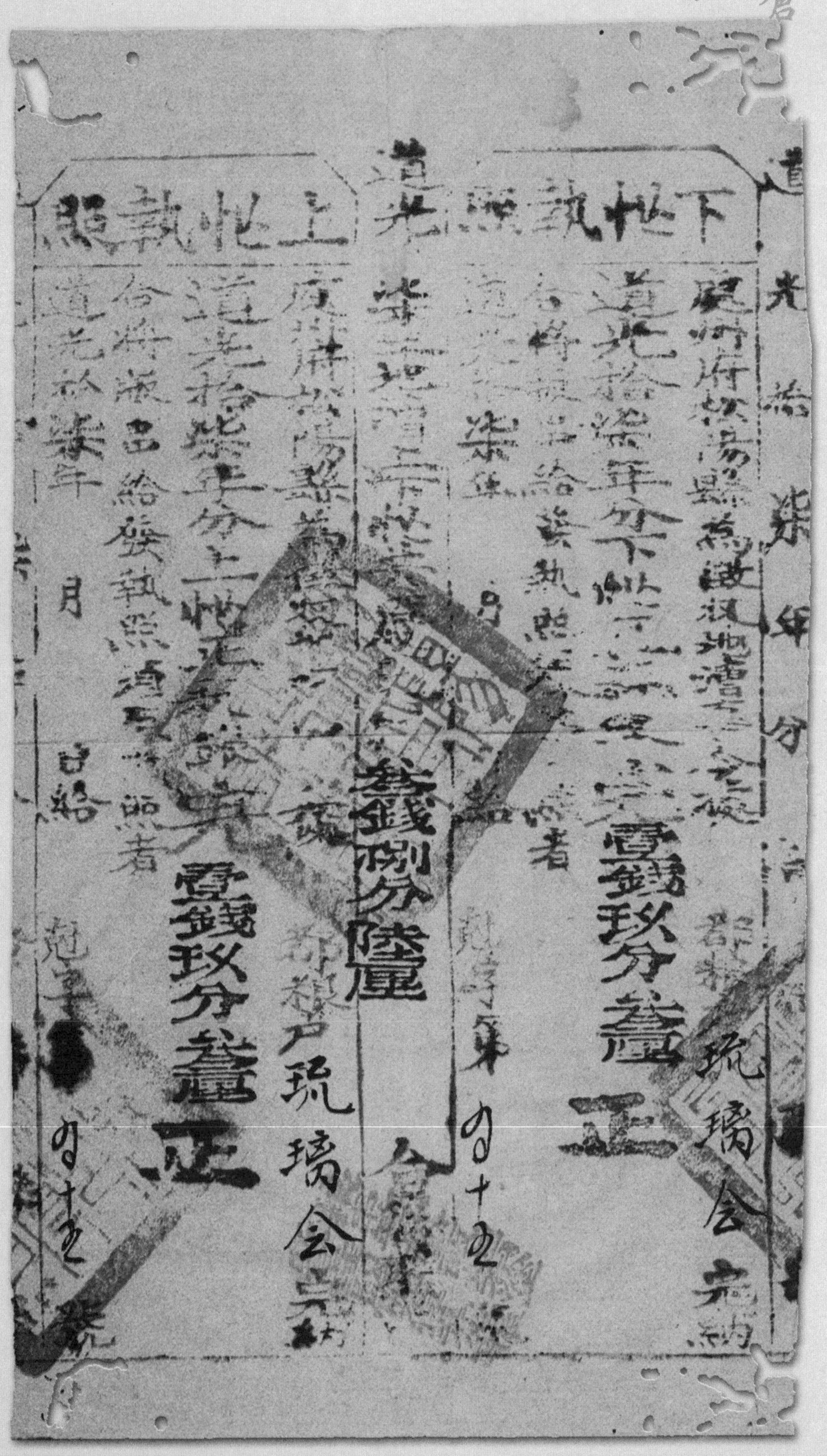

下忙執照

處州府松陽縣為徵收地漕等

道光拾柒年分下忙

合將截串給發執照者

道光拾柒年

壹錢玖分叁厘正

都 莊 琉璃会 完納

上忙執照

處州府松陽縣為徵收

道光拾柒年分上忙

合將截串給發執照

道光拾柒年 月 日給

壹錢捌分陸厘

都 莊 户 琉璃会

壹錢玖分叁厘正

下忙執照

處州府松陽縣為徵收地漕事，今據　都粮户　琉璃会　完納
道光拾柒年分下忙正耗銀完　壹錢玖分叁厘　正，
合將版串給發執照，須至執照者。
道光拾柒年　月　日給　尅字第　四百十五　號

道光拾柒年地漕上下忙共應完銀叁錢捌分陸厘　合符聯串

上忙執照

處州府松陽縣為徵收地漕事，今據　都粮户　琉璃会　完納
道光拾柒年分上忙正耗銀完　壹錢玖分叁厘　正，
合將版串給發執照，須至執照者。
道光拾柒年　月　日給　尅字第　四百十五　號

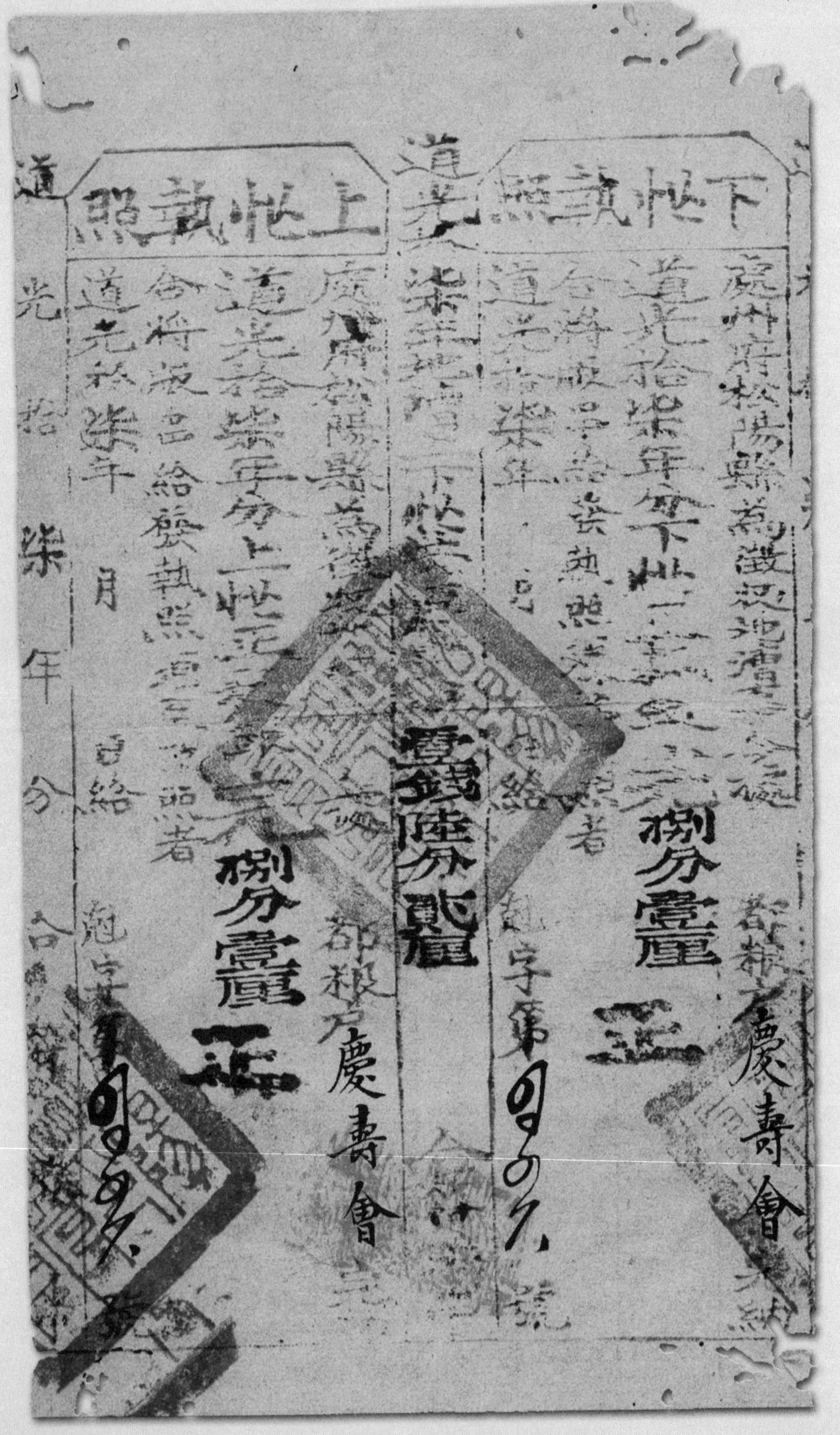

下忙執照

處州府松陽縣爲徵收地丁……

道光拾柒年分下忙……

合將版串給發執照……者

都糧方慶壽會

捌分壹釐 正

道光拾柒年 月 日給

迴字第……號

道光拾柒年地丁下忙……

壹錢陸分貳釐

上忙執照

處州府松陽縣爲徵收……

道光拾柒年分上忙……

合將版串給發執照……者

都糧方慶壽會

捌分壹釐 正

道光拾柒年 月 日給

迴字第……號

道光拾柒年分 合

下忙執照

處州府松陽縣為徵收地漕事，今據　都粮户　慶壽會　完納
道光拾柒年分下忙正耗銀完　捌分壹厘　正，
合将版串給發執照，須至執照者。
道光拾柒年　月　日給　尅字第　四百四六　號

合符聯串

道光拾柒年地漕上下忙共應完銀壹錢陸分貳厘

上忙執照

處州府松陽縣為徵收地漕事，今據　都粮户　慶壽會　完納
道光拾柒年分上忙正耗銀完　捌分壹厘　正，
合将版串給發執照，須至執照者。
道光拾柒年　月　日給　尅字第　四百四六　號

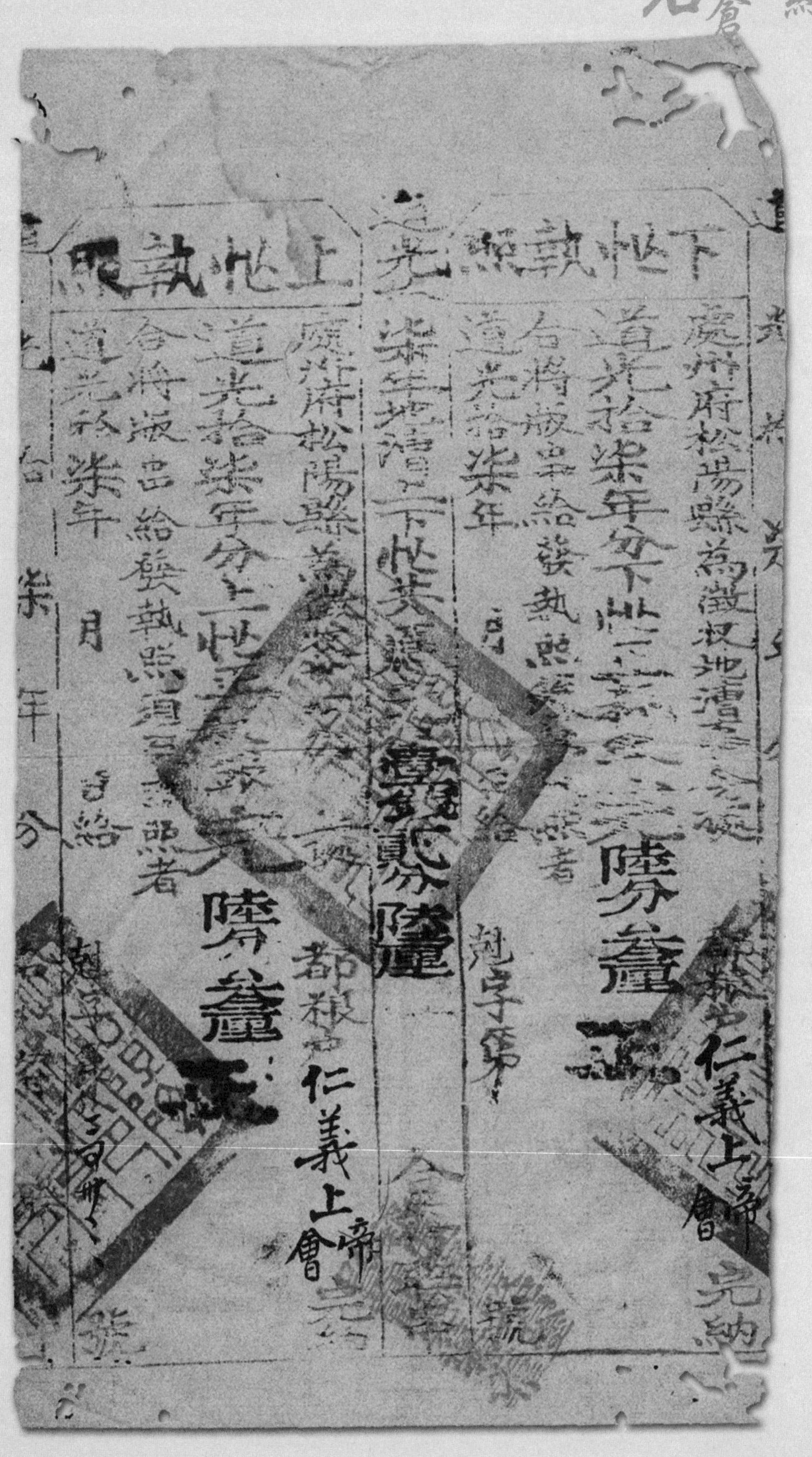

下忙執照
處州府松陽縣為徵收地漕[illegible]
道光拾柒年分下忙[illegible]
台將版串給發執照[illegible]者
道光拾柒年 月 日給
陸芳蘆
仁義上帝會
完納

上忙執照
處州府松陽縣為[illegible]
道光拾柒年分上忙[illegible]
合將版串給發執照須至執照者
道光拾柒年 月 日給
陸芳蘆
都[illegible]
仁義上帝會

下忙執照

處州府松陽縣為徵收地漕事，今據　都粮户　仁義上帝會　完納

道光拾柒年分下忙正耗銀完　陸分叁厘　正，

合將版串給發執照，須至執照者。

道光拾柒年　月　日給　尅字第　號

道光拾柒年地漕上下忙共應完銀壹錢貳分陸厘　合符聯串

上忙執照

處州府松陽縣為徵收地漕事，今據　都粮户　仁義上帝會　完納

道光拾柒年分上忙正耗銀完　陸分叁厘　正，

合將版串給發執照，須至執照者。

道光拾柒年　月　日給　尅字第　三百卅三　號

下忙執照

處州府松陽縣為徵收地漕事，今據　都粮户　双濟橋　完納
道光拾柒年分下忙正耗銀完　壹錢叁分伍厘　正，
合将版串給發執照，須至執照者。

道光拾柒年　月　日給　尅字第　四百六八　號

道光拾柒年地漕上下忙共應完銀貳錢柒分　合符聯串

上忙執照

處州府松陽縣為徵收地漕事，今據　都粮户　双濟橋　完納
道光拾柒年分上忙正耗銀完　壹錢叁分伍厘　正，
合将版串給發執照，須至執照者。

道光拾柒年　月　日給　尅字第　四百六八　號

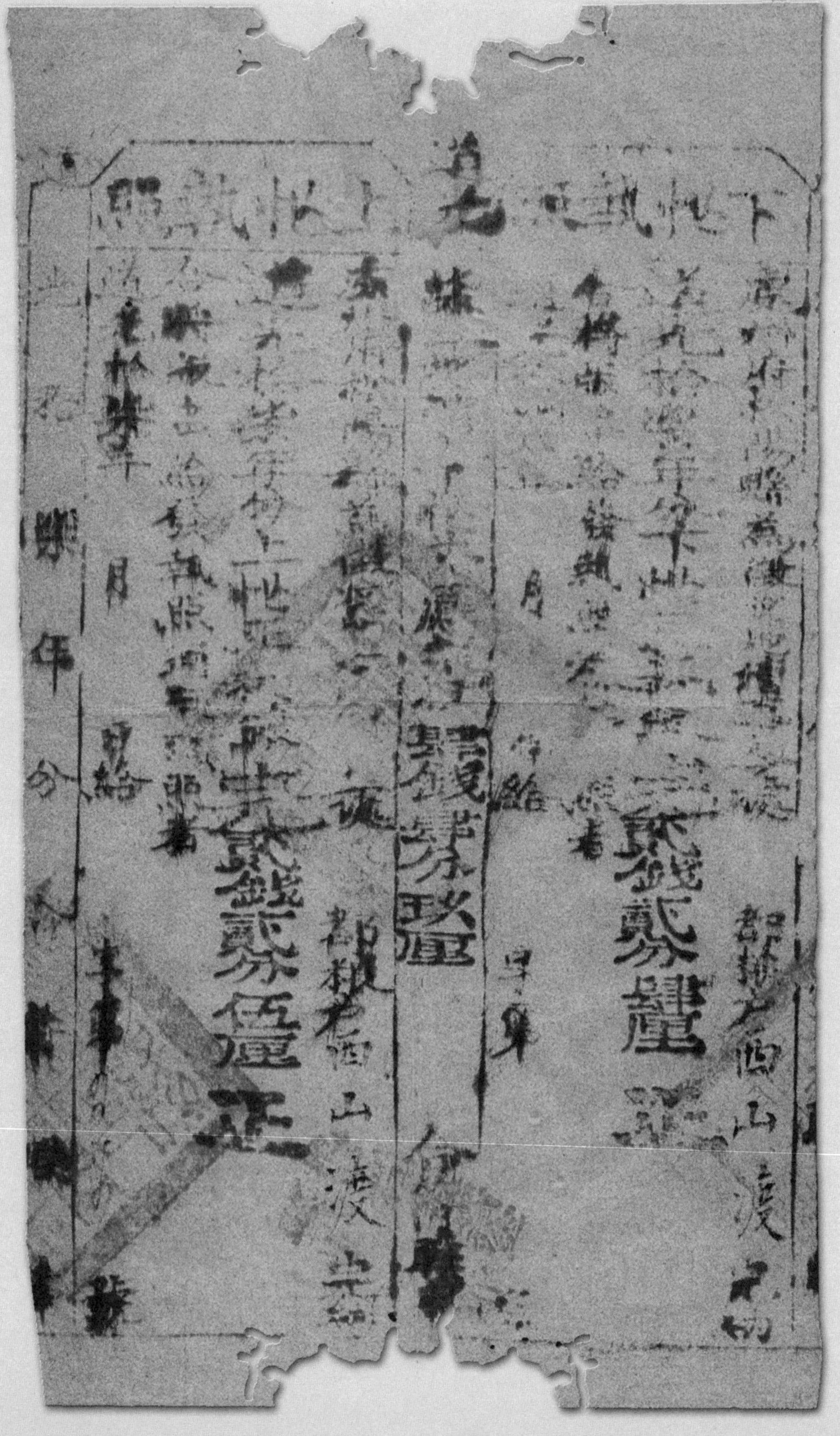

下忙執照

處州府松陽縣為徵收地漕事，今據　都粮户　西山渡　完納

道光拾柒年分下忙正耗銀完　貳錢貳分肆厘　正，

合将版串給發執照，須至執照者。

道光拾柒年　月　日給　字第　號

道光拾柒年地漕上下忙共應完銀肆錢肆分玖厘　合符聯串

上忙執照

處州府松陽縣為徵收地漕事，今據　都粮户　西山渡　完納

道光拾柒年分上忙正耗銀完　貳錢貳分伍厘　正，

合将版串給發執照，須至執照者。

道光拾柒年　月　日給　字第　四百廿四　號

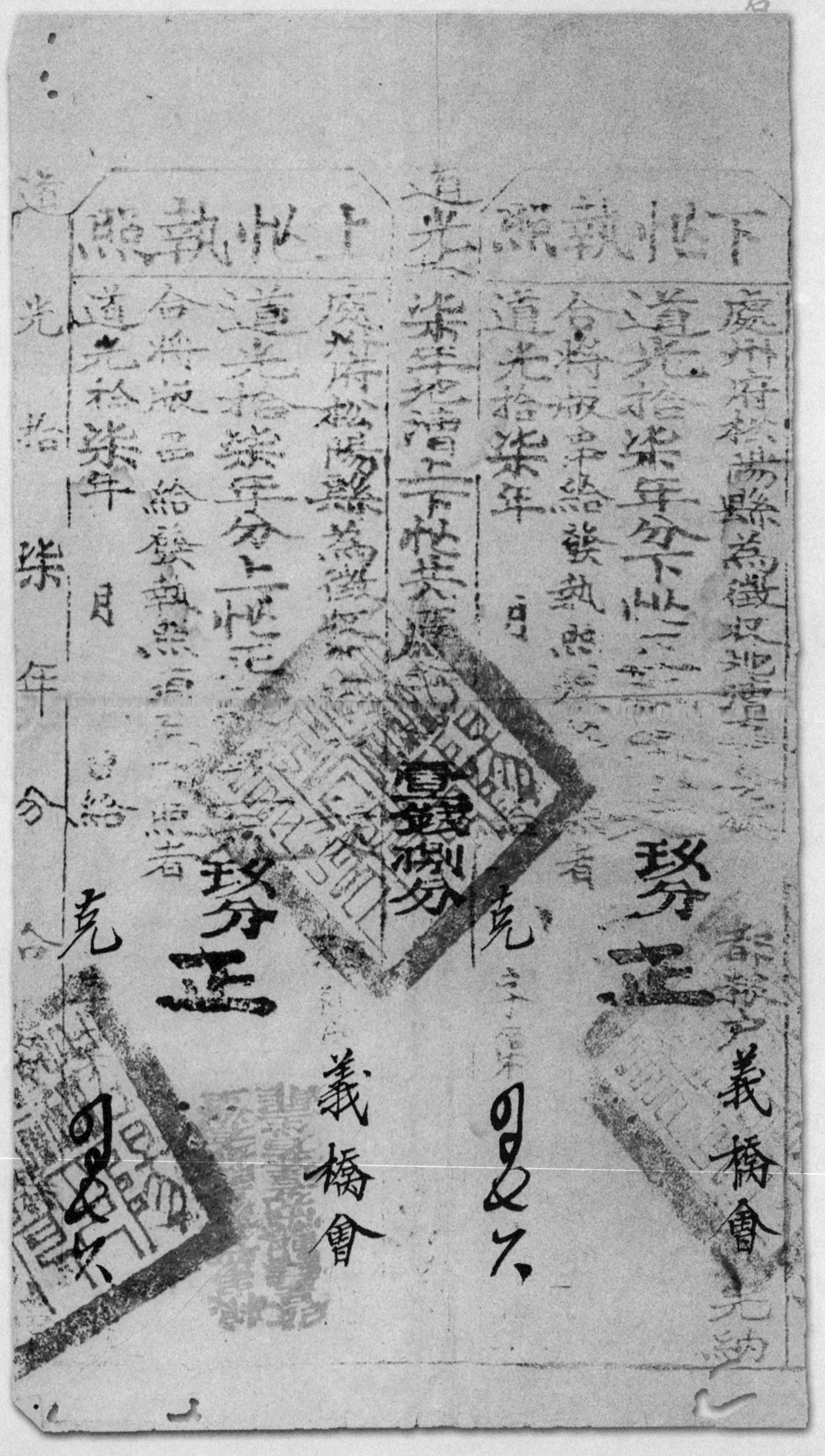

下忙執照

處州府松陽縣為徵收地漕事，今據　　都粮户　義橋會　完納

道光拾柒年分下忙正耗銀完　玖分　正，

合將版串給發執照，須至執照者。

道光拾柒年　　月　　日給　　克字第　四百七六　號

道光拾柒年地漕上下忙共應完銀壹錢捌分　　合符聯串

上忙執照

處州府松陽縣為徵收地漕事，今據　　都粮户　義橋會　完納

道光拾柒年分上忙正耗銀完　玖分　正，

合將版串給發執照，須至執照者。

道光拾柒年　　月　　日給　　克字第　四百七六　號

推户執照

處州府松陽縣正堂湯　為嚴飭推收事，案奉
憲行售賣田山例，應随時推收，今據廿一都　茶排　庄的
名　闕天開　售賣　本　都　本　庄的名　義橋會　田　式亩正，
将　本都　夫人庙　庄　舊管　義橋會　田　式亩　推入本都　本庄
闕天開　户入册完粮，須至推户執照者。

道光　拾玖　年　正　月　　日

庄　五

吴紹榮推收戳記

圳票

業主闞太陽　計坐田　三畝　分厘　正，

祈即付作圳工本箋龍錢　千

壹百廿　文正　此照。

光緒　十四　年　五　月　日

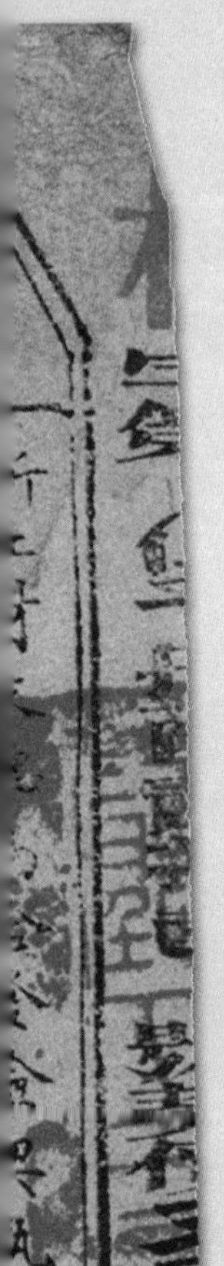

照收

業主阙太陽先生　坐宏山圩中上下則田　叁　畝　分　厘正

今收錢　三千百十　文正

乙酉　年　月　日

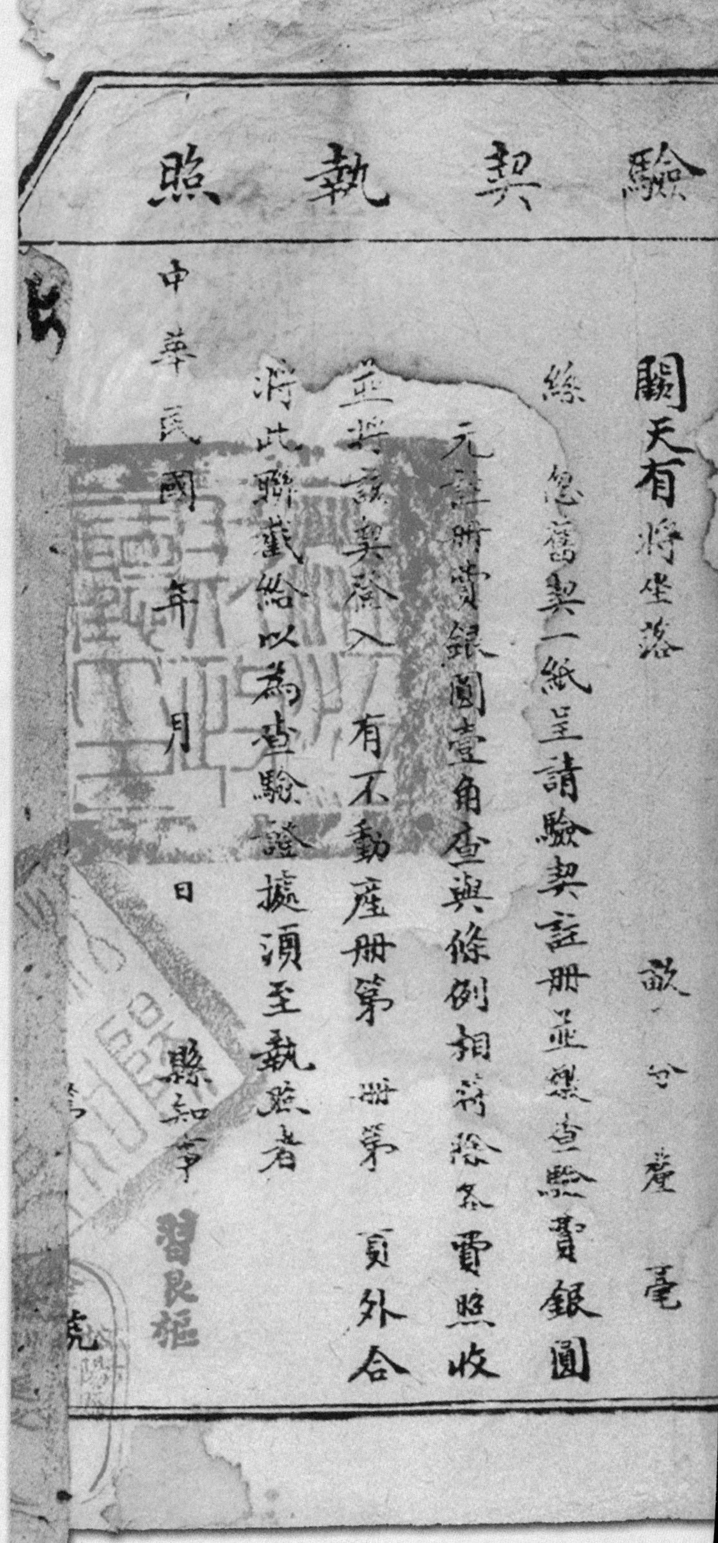

驗契執照

浙江財政廳為給發驗契執照事　今據　　縣業戶

闕天有　將坐落　　　　畝　分　釐　毫

絲　忽舊契一紙，呈請驗契註册，並繳查驗費銀圓

元，註册費銀圓壹角，查與條例相符，除各費照收

並將該契登入　　有不動產册第　　册第　　頁外合

將此聯截給，以為查驗證據，須至執照者。

中華民國　　年　　月　　日　　縣知事　習良樞

第　　號